AF460419

LA PRATIQVE ET DEMONSTRATION DES HORLOGES SOLAIRES.

AVEC VN DISCOVRS SVR LES PROPORTIONS, tiré de la raiſon de la 35. Propoſition du premier liure d'Euclide, & autres raiſons & Proportions, & l'vſage de la Sphere Plate.

Par SALOMON DE CAVS Ingenieur & Architecte du ROY.

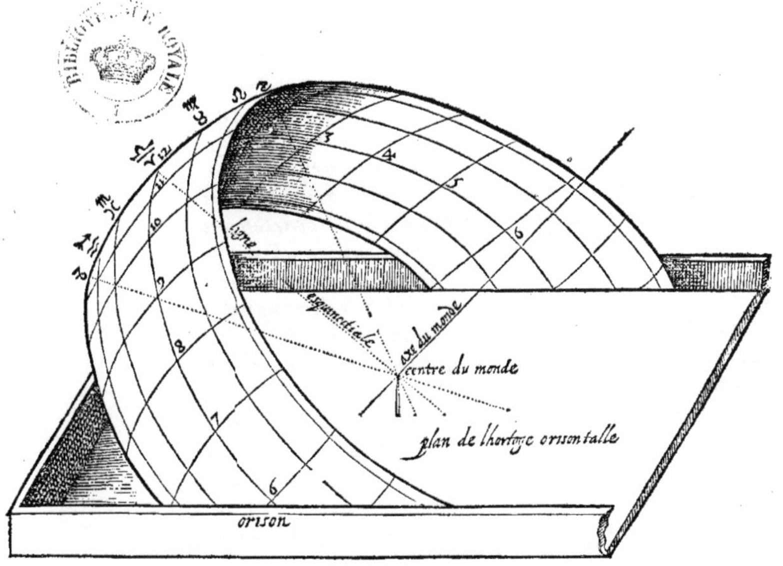

A PARIS,

Chez HYERCSME DROÜART, ruë Sainct Iacques, à l'Eſcu au Soleil.

M. DC. XXIIII.

Auec Priuilege du Roy.

A MONSEIGNEVR, MONSEIGNEVR LE CARDINAL DE RICHELIEV.

MONSEIGNEVR,

L'opinion qu'on pourroit auoir, que vous me portez plus d'affection que mes seruices n'en ont peu encores meriter, me donnent suiet de mettre souuent le Compas & la Reigle en main, pour tascher à m'acquitter du seruice que ie vous dois : en voicy vne petite partie qui traicte du cours iournalier du Soleil, pour s'en seruir à mesurer le temps, par heures, iours & mois. Ceste science, MONSEIGNEVR, a desia esté traictée fort doctement par Clauius, mais d'autant que ses demonstrations sont fort difficiles à entendre, & que plusieurs personnes, apres y auoir longuement estudié, n'ont sceu en tirer que fort peu d'intelligence : cela m'a incité d'estudier à l'esclaircissement des choses des plus difficiles de ceste science, & en faire les demonstrations par plans de carton qui se leuent ou baissent, selon l'esleuation du Pole & de l'Equinoxial ; ainsi par ce moyen les choses les plus difficiles seront non seulement entenduës, mais demonstrées autant que faire se peut : Car de dire que le cours du Soleil fust demonstrable comme les Propositions d'Euclide, cela est impossible, comme i'en demonstreray les raisons par cy-apres. Et la difference qu'il y a entre les raisons & proportions naturelles, & celles inuentées pour nostre commodité (Ie nõme, MONSEIGNEVR, les raisons & proportions naturelles, celles qui ont esté ordonnées de Dieu) comme le mouuement des Astres & de la Mer, comme aussi les interuales qui sont entre les sons graues & aigus des consonnantes de la Musique : toutes lesquelles œuures de Dieu se font auec des raisons qui nous sont irrationnelles ; Mais les proportions des lignes, superficies, planes & solides, & des nombres, inuentées par les hommes, tirent toutes leurs demonstrations de la raison naturelle demonstrée par Euclide à la 35. Proposition de son premier liure, dont i'ay fait aussi vn petit discours, pour monstrer comme toutes sortes de proportions qui nous sont cogneuës tirent leurs raisons de ladite Proposition. Ie vous prie doncques, MONSEIGNEVR, de receuoir ce petit œuure, attendant qu'il vous plaise me commander choses plus grandes, où i'espere m'acquiter de mon deuoir, & faire voir par les effects, que ie suis & seray à tousiours,

Le temps de l'année est dit irrationnel : d'autant qu'il ne se peut iustemẽt mesurer par autres petites mesures, ny aussi les autres mouuemẽts naturels qui sont aussi dits irrationaux.

MONSEIGNEVR,

Vostre tres-obeyssant seruiteur,
SALOMON DE CAVS.

A Paris, ce 1. Iuillet 1624.

AV LECTEVR.

AMY Lecteur, Comme i'estois sur la traduction des liures de Vitruue, où ie trauaille auec diligence, pour le mettre en nostre vsage, & estant paruenu au neufiesme liure, où il traicte des differentes longueurs des ombres quand le Soleil est au Midy, suyuant les lieux où l'on est: & voyant que personne n'auoit encores demonstré ce sujet en nostre langue Françoise, i'ay creu que plusieurs esprits curieux des Mathematiques prendroient plaisir à voir quelques Propositions des raisons desdites ombres, que ie demonstre le plus facilement que ie peux, mesmes auec des plans de carton, qui se leuent selon l'obliquité de la ligne Equinoxiale ou de l'Axe du monde, afin que ceux qui ne pourront comprendre lesdites demonstrations par plans superficiels, les puissent comprendre par ceux qui sont elleuez en carton. I'ay ioint à ce Traicté quelques discours sur les Propositions, où ie demonstre que toutes celles qui sont aux Nombres, Lignes, Superficies, Solides, & Perspectiue, prennent toutes leurs demonstrations du 35. du premier d'Euclide. Ce discours est vtile à ceux qui desirent auoir la vraye cognoissance desdites proportions, & où l'on peut voir le bel ordre que la nature a voulu donner en reiglant toutes lesdites proportions. I'ay en outre mis icy l'vsage de la Sphere Plate, comme tres-vtile à donner la cognoissance du cours du Soleil, & ne me suis pas fort estudié à polir mes discours, ny à rendre mes Propositions en si briefs termes, comme i'eusse bien peu faire: car i'estime plus à propos aux choses des Mathematiques, de repeter plustost quelques mots, pour donner mieux l'intelligence de ce qu'on traicte, que faute d'vn qu'on pourroit retrancher, de laisser vne Proposition estropiée. Reçoy doncques ce petit labeur, attendant que i'aye moyen de mettre lesdits liures de Vitruue au iour, que i'espere te seront aggreables.

DISCOVRS

DISCOVRS SVR TOVTES LES Proportions qui prennent leur origine de la raiſon naturelle, qui eſt inſeré à la 35. Propoſition du premier liure d'Euclide.

ROPORTION ſelon Euclide à la 4. Definition du 5. eſt vne ſimilitude de raiſons, & raiſon en la precedente Definition eſt vne habitude de deux ou pluſieurs grandeurs, ou quantitez de meſme genre comparées l'vne à l'autre.

Comme par exemple, nous diſons en la Muſique que la Diapente eſt vne raiſon ſeſquialtera, c'eſt à dire comme de deux à trois: ou bien en la Geometrie qu'vn quarré fait ſur la Diagonale d'vn autre quarré eſt en raiſon double. En ſomme, vne raiſon a deux termes, mais il ſe trouue quelquefois que deux termes de meſme genre ſont ſans raiſon; comme la ligne diagonale du quarré auec le coſté du meſme quarré, comme Euclide le monſtre en la derniere du 10. liure, il n'y peut auoir de raiſon. Quant à la Proportion, elle ne peut auoir moins que trois termes, qui ſont deux raiſons: Comme par exemple, la raiſon de 4 à 2 eſt double, ainſi que la raiſon de 8 à 4; ainſi nous auons de ces deux raiſons vne proportion. Ou bien de quatre termes: comme encores par exemple, la raiſon de 3 à 4 eſt comme de 6 à 8, ceſte proportion eſt dite diſcontinuée, parce que la raiſon de 4 à 6 ne continuë pas celle de 3 à 4. Mais ſi les termes ſont comme 8, 12, 18, 27, alors ceſte proportion eſt appellée continuë: car 18 a raiſon à 12, comme 12 à 8, ou comme 27 à 18; ainſi ces 4 nombres ſont continuellement proportionnaux.

Des nombres proportionnaux.

Quant aux proportions Geometriques, c'eſt quand vne ſuperficie ou vn ſolide à telle raiſon a vne deuxieſme comme vne deuxieſme a vne troiſieſme, ou quand vne premiere figure à telle raiſon a vne deuxieſme comme vne troiſieſme a vne quatrieſme.

Il y a encores des raiſons & proportions en la perſpectiue: comme par exemple, s'il y a vne grandeur A.B. veuë du poinct C. & que le plan qui reçoit les grandeurs ſoit E.N. tirant les rais viſuels CB. CA. ladite grandeur aura la raiſon du perſpect, c'eſt à dire de l'image E.F. comme la ſimilitude de la grandeur

à

AB. à celle F.E. mais la proportion paſſera plus outre, car ayant tiré encores vne autre grandeur L.H. ſon perſpect ou image M.N. aura telle proportion à E.F. comme A.B. à H.L.

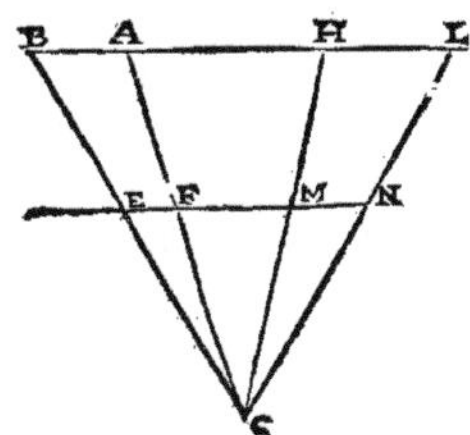

Or il faut monſtrer comme toutes ces proportions tant de la Geometrie que de l'Arithmetique & Perſpectiue, prennent leur origine de la 35. Propoſition du premier d'Euclide, qui dit:

Propoſition.

Les parallelogrammes qui ſont ſur meſme baſſe & entre meſmes paralleles ſont eſgaux.

Pour faire vne demonſtration bien intelligible de ceſte Propoſition où il n'y aura point de lignes, afin de n'eſtre point ſubiect à dire contre la verité que la ligne eſt vne longueur ſans largeur; Car en effect, quoy qu'on le die, ce neantmoins il ne ſe peut faire aucune ligne ſans largeur, ny ne ſe peut faire aucun poinct qui n'aye vne grandeur: Nous ferons doncques nos figures parallelogrammes de carton en ceſte façon, ſans toutesfois ſuppoſer aucune eſpoiſſeur auſdites figures.

Terminaiſon & conſtruction.

Soient les deux pieces de carton A.B. poſées en ſorte qu'elles facent le parallelogramme C.E.F.G. ſur la baſſe F.G. Soit apres poſée la piece de carton H. contre celle B. en ſorte qu'elle face vn autre parallelogramme I.L.F.G. ſur la meſme baſſe F.G. ie dis que leſdits parallelogrammes ſont eſgaux.

Car en la piece A. ſi on y ioint le petit triangle de carton M. les deux enſemble

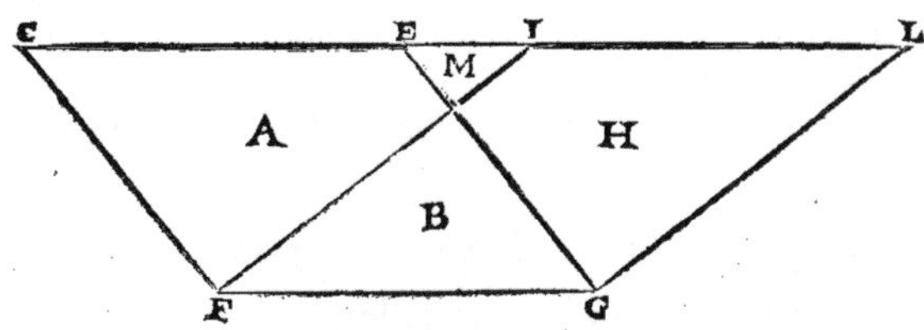

Demonſtration.

feront le triangle C.I.F. & ſi on adiouſte la piece H. auec ledit petit triangle M. les deux enſemble feront le triangle E.L.G. qui eſt eſgal au premier C.I.F. par la 33. & 34. Propoſition du premier d'Euclide. Or ſi vous oſtez le triangle M. qui eſt commun aux deux triangles, alors la piece A. demeurera eſgale à H. par la 3.

commune

commune ſentence du premier. Doncques ſi on adiouſte la piece B. à celle A. ils feront le premier parallelogramme C. E. F. G. Si apres on adiouſte la meſme piece B. à H. ce ſera le ſecond parallelogramme I. L. F. G. ainſi la piece B. eſt commune à tous les deux parallelogrammes, qui ſeront eſgaux par la 2. commune ſentence. Doncques ſi nous conſiderons bien ceſte demonſtration, l'on verra qu'elle procede d'vne tres-belle ordonnance de la nature, afin que toutes ſortes de proportions priſſent leur origine de ceſte ſimilitude de raiſon qu'il y a entre deux parallelogrammes qui ſeront entre deux paralleles, & en donnerons icy quelques exemples de la Geometrie, Arithmetique, & Perſpectiue. Concluſion.

PREMIEREMENT

EN LA XLVII. PROPOSITION DV PREMIER.

Au triangle rectangle le quarré fait ſur le coſté qui ſouſtient l'angle droict eſt eſgal aux deux quarrez qui ſont faits ſur les deux autres coſtez.

LA demonſtration de ce Theoreſme ſe fait par la 41. du premier, & ladite 41. ſe demonſtre par la 37. dudit, & celle là par ladite 35. dudit premier.

Pytagoras trouua premierement la demonſtration de ladite 47. du premier, & creut que cela luy auoit eſté communiqué des Dieux : C'eſt pourquoy (comme dit Vitruue au 2. du 9. liure) il en remercia les Dieux, & leur fit vn ſacrifice.

Ce Theoreſme eſt l'vn des principaux des œuures d'Euclide, & par le moyen d'iceluy on aſſemble pluſieurs quarrez en vn ſeul. Ce qui eſt fort vtile pour l'Arpentage.

Nous en auons vne des plus belles & neceſſaires de tous leſdits liures d'Euclide, & qui ſert de demonſtration à tous les inſtrumens de Mathematique, par leſquels l'on meſure les hauteurs & longueurs de toutes choſes qu'on peut voir. C'eſt la 4. Propoſition du 6. qui dit,

Les triangles eſquiangles ont les coſtez & les angles proportionnaux.

CE Theoreſme ſe demonſtre par la 2. Propoſition du 6. & celle là par ſa precedente, laquelle ſe demonſtre par la 38. Propoſition du premier, puis par ladite 35. Propoſition du premier.

Apres, il y en a encores vne autre tres-vtile en la 30. Propoſition du 6. qui monſtre à

Couper vne ligne en la moyenne & extréme raiſon.

C'Eſt à dire, de couper vne ligne en telle façon, que le quarré fait de la plus grande partie ſoit eſgal au rectangle qui ſera fait de la petite partie auec l'entiere. Cela ſe demonſtre premierement par la 11. Propoſition du 2. & celle là par la 47. du premier, puis reuient encores à tomber ſur ladite 35. ſuſdite.

ITEM LA XIII. PROPOSITION DV VI. qui monſtre à

Trouuer entre deux lignes données vne moyenne proportionnelle

CEſte Propoſition ſe demonſtre par la 8. Propoſition du 6. & ladite 8. par la 4. Propoſition dudit 6. & apres l'on vient encores à la 35. dudit premier.

Toutes lignes proportionnelles ſe demonſtrent encores les vnes par les autres, iuſques à la ſource de ladite 35. Voila doncques les principales proportions des ſuperficies, planes & des ſegmens des lignes des 6. premiers liures d'Euclide. Le reſte des autres proportions qui ſe traitent dans les autres liures prennent encores toute leur origine de ladite 35. du premier. Comme en voicy quelques exemples.

EN LA XIX. PROPOSITION DV VII.

Si quatre nombres ſont proportionnaux, le produit du premier & quart ſera eſgal au produit du ſecond & tiers.

CEſte Propoſition eſt la reigle vulgairement dite Reigle de Trois, qui ſe rapporte aux ſegmens des lignes de la 12. & 16. Propoſition du 6. dont en voicy vne exemple.

Si 16. donnent 20. combien donneront 28.

MVltipliant 20. par 28. & diuiſant le produit par 16. l'on trouuera 35. Si doncques l'on multiplie 16 par 35, le produit ſera ſemblable à celuy qui ſera multiplié de 20 par 28. Et pour faire la demonſtration de cecy par la 35. dudit premier, faut faire vn triangle A.B.D. des trois nombres premiers, ſçauoir vne li-

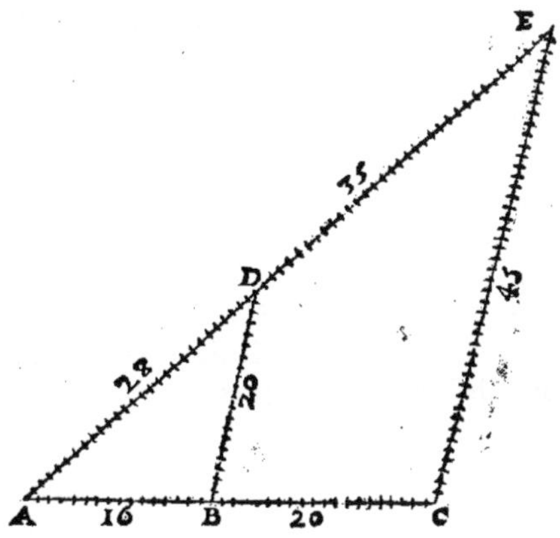

gne qui tiendra 16. vne deuxieſme qui tiendra 20. & la troiſieſme 28. Ainſi par la 12. Propoſition du 6. l'on tirera du poinct B. la ligne B.C. eſgale à B.D. en ſorte que

que A.C. ſoit vne ligne droite, puis tirer C.E. parallele à B.D. & prolonger A.D. tant qu'elle rencontre C.E. Ie dis que D.E. contiendra 35. de ſemblables grandeurs comme les autres. La demonſtration s'en fait par la 2. Propoſition du 6. & celle là par la 39. Propoſition du 1. puis par la 35. Propoſition du meſme.

Donnons encores vne exemple d'vn nombre moyen proportionnel, & diſons: Si 4 donne 6, le meſme 6 donnera 9: car comme 6 ſurpaſſe 9 de la moitié de 6, ainſi 6 ſurpaſſe 4 de la moitié de 4. Et pour en rapporter la demonſtration à la demonſtration de la ſource des proportions, faiſons le Probleſme de la 13. Propoſition du 6. mettant les deux lignes enſemble A.B. & B.C. ne faiſant qu'vne ligne droite, dont l'vne contiendra 4. & l'autre 9. Et ſoit fait le demy cercle A.D.C. dont le diametre ſera A.C. contenant 13. & eſleuant la perpendiculaire B.D. il eſt certain qu'elle tiendra 6. par la demonſtration rapportée à ladite 13. Propoſition du 6. qui ſe demonſtre encores par la 8. Propoſition dudit 6. & de celle là vient encores tomber ſur ladite 35. Propoſition du premier ſuſdite.

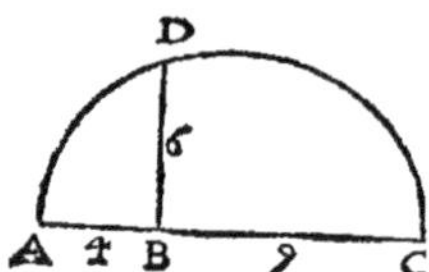

En ſomme, ſi l'on veut bien examiner tous les nombres qui ont proportion les vns auec les autres, l'on trouuera que la ſource de leurs demonſtrations vient de ladite 35. du premier.

Parlons à preſent de la Perſpectiue, & monſtrons comme les images des grandeurs que nous voyons, ont raiſon l'vn à l'autre: & de ces raiſons viennent les proportions leſquelles ont encores leurs demonſtrations inſerées dans ladite 35. du premier. Le principal Theoreſme de ladite Perſpectiue eſt, que

Demonſtration comme la Perſpectiue prend encores ſes demonſtra. de la 35. Propoſition du premier d'Euclide.

Toutes les grandeurs qui ſont paralleles au plan qui coupe les rays viſuels ſont coupées proportionnellement.

SOient les grandeurs au plan ignographique A.B.C.D.E.F. & ſoit le plan qui coupe les rays viſuels G.H. & le poinct de veuë O. Ie dis que les grandeurs A.B. & B.C. qui ſont eſgales, ſont auſſi eſgales en G.I. & I.L. quoy que A.B. ſoit plus eſloigné de l'œil O. que B.C. & les autres grandeurs CD. DE. EF. ſont auſſi coupées en LM. MN. NH. proportionnellement, c'eſt à dire que comme CD. à DE. ainſi LM. à MN. & ainſi des autres. Ce qui ſe demonſtre par la 1. du ſixieſme, & celle là par la 38. du premier, puis par la 35. ſuſdite.

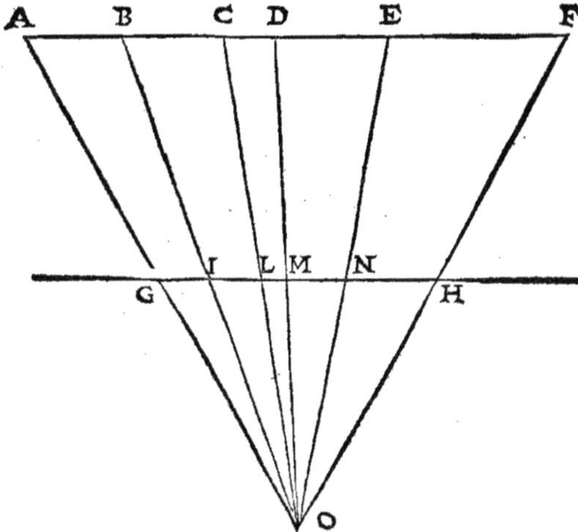

Item, lesdites grandeurs sont encores proportionnées en longueur, sçauoir comme A G. à G O. ainsi A F. à G I. & ainsi de toutes les autres.

Et pour donner l'intelligence plus claire dudit Theoresme, i'ay mis icy en Perspectiue la figure suiuante, pour monstrer que le plan qui coupe les rays visuels à ceux qui ne le pourroient pas bien entendre par le plan ignographique susdit. Tellement que l'on peut voir les grandeurs A.B.C.D. à ce plan icy estre proportionnelles à E.F.G.H. tout ainsi comme les autres precedentes.

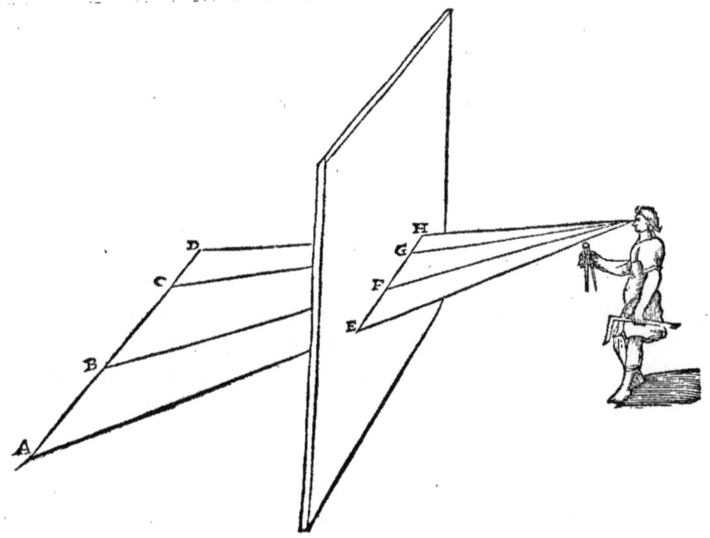

Tout

Tout ainsi comme le susdit Theoresme se fait en largeurs orizontales ou plans ignographiques, ainsi le suiuant se fait en plans orthographiques ou esleuations de grandeurs perpendiculaires les vnes sur les autres, comme s'ensuit.

Les grandeurs qui sont perpendiculaires les vnes sur les autres, & paralleles au plan qui coupe les rays visuels, sont proportionnaux aux grandeurs qui sont sur ledit plan, qui coupent les rays visuels.

Soit le poinct de veuë A. & les grandeurs E D. C B. & le plan qui coupe les rays visuels IH. GF. Ie dis que comme ED. à CB. ainsi IH. à GF. & aussi comme EI. à DH. ainsi IA. à HA. tout ainsi comme la precedente Proposition.

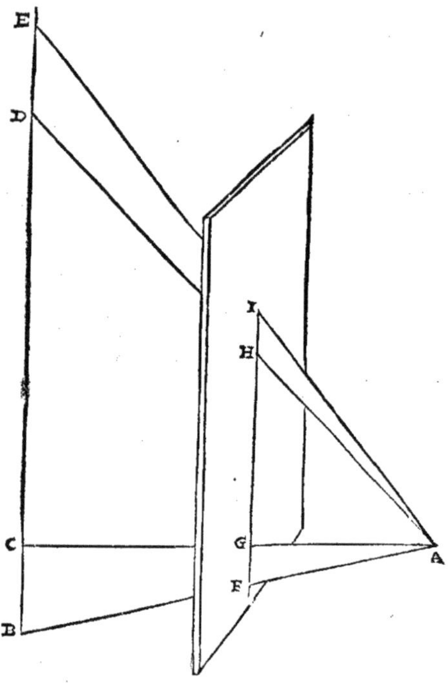

De ceste demonstration s'ensuit que s'il y auoit deux hommes d'vne mesme hauteur, sçauoir vn à la porte d'vne tour, & l'autre au haut de ladite tour perpendiculaire sur la porte, & qu'vn Peintre les voulust peindre tous deux, & qu'il fust proche de celuy qui est à la porte de ladite tour : il faudroit qu'il les fist tous deux d'vne mesme grandeur, quoy que celuy qui est au haut de la tour fust cinq cens toises haut perpendiculaire sur celuy qui est en bas : car faisant le plan orthographique apres auoir tiré les rays visuels, l'on trouuera que ce seroit deux triangles sur basses esgales, & entre mesmes paralleles, comme la 38. Proposition du 1. d'Euclide, qui prend sa demonstration de la 35. dudit premier: & ainsi (suiuant le plan qui coupe les rays visuels) l'on trouuera les images desdites grandeurs comme celles des deux hommes, quoy que l'vn soit bien plus esloigné de l'œil que l'autre.

L'on peut doncques voir que ceste Proposition que la Nature a inserée à ladite 35. Proposition du premier, est la semblable proportion des racourcissemens qui sont en la Perspectiue, & aussi de toutes les proportions des nombres, des lignes, des superficies, & des corps solides.

Cõparaison de la Geometrie auec l'Arithmetique & Perspectiue.

Faisons à present vne cõparaison de ces trois arts, sçauoir Geometrie, Arithmetique & Perspectiue, pour sçauoir lequel est le plus excellent en ses demonstrations. Premierement par la Geometrie. Entre deux lignes données de quelque grãdeur qu'elles puissent estre, on en peut trouuer vne moyẽne proportiõnelle, & entre deux nombres donnés en quelque façon que ce soit, l'on n'en peut trouuer vn moyen proportionnel, bien qu'on en trouue entre quelques vns, comme entre 9. & 4. ou entre 8. & 2. mais non pas entre 8. & 4. ny autres qui ne reçoiue point de milieu proportiõnel. Apres, si l'on veut reduire dix quarrez esgaux tenãt chacun vn pied en vn seul quarré, cela se fera par la 47. Proposition du 1. mais si l'on veut les faire par nombre, cela est impossible d'y venir, d'autant qu'il faut trouuer vn nombre pour faire le costé, lequel estant multiplié par soy-mesme, face 10. dont la racine quarrée est irrationnelle.

Item il est aussi impossible de diuiser vn nombre en deux parties, en telle sorte que ledit nombre multiplié par la plus petite partie face le mesme nombre, comme fera la plus grande partie multipliée par soy-mesme. Comme par exemple, 8. est diuisé en deux parties, sçauoir en 5. & en 3. ainsi 3 fois 8. font 24. mais 5 fois 5. font 25. & ainsi la partie 5. multipliée par soy-mesme, excede les deux autres: & n'y a aucun nombre qu'on peut diuiser en ceste extresme & moyenne raison, mais vne ligne s'y diuisera, comme est enseigné à la 30. Proposition du sixiesme.

En fin, l'on trouuera que les proportions Geometriques sont les fondemens des nombres proportionnaux, & que lesdites proportions des nombres sont abstraintes à de certaines quantitez où les proportions Geometriques sont generales, & mesmement que lesdits nombres proportionaux se demonstrent par la 35. Proposition du premier, comme a esté dit: ce qui tesmoigne que lesdits nombres proportionaux sont subalternes à la Geometrie.

Quant à la Perspectiue, les grandeurs naturelles sont encores proportionnaux aux grandeurs des Images que le plan qui taille les rayons visuels fait, & lesdites proportions se demonstrent par la 35. du premier, comme a esté dit: ce qui tesmoigne encores qu'elle est subalterne à la Geometrie; & d'autant que ses grandeurs proportionnaux ne sont pas abstraintes comme celles des nombres proportionnaux, ie luy donnerois encores la preference au dessus des nombres.

Nous auons encores des proportions aux choses qui sont mouuées ou balancées selon l'esloignemẽt du poinct de grauité, mais elles ne peuuent estre demonstrées par raisõs si nobles comme celles qui sont inserées en la 35. du premier d'Euclide; c'est pourquoy ceste science se nomme mecanique.

Si

Si vn fleau est soustenu au poinct de grauité C. les raisons des pesanteurs qui seront sur le costé C. B. se rapporteront à la pesanteur du poinct I. en semblable proportion, comme les esloignemens dudit poinct de grauité.

Soit le fleau B. A. le poinct de grauité C. & la distance C. I. quatre fois plus petite que C. B. ie dy que si 3 liures sont penduës au poinct B. qu'il faudra 12. liures au ponict I. pour mettre ledit fleau en esquilibre ou 4 liures au poinct F. ou 6. au poinct E. ou 12 à celuy D.

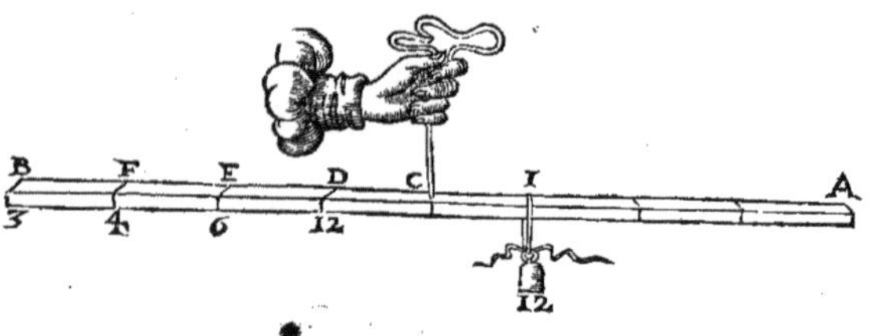

Ainsi l'on voit que la raison de l'esloignement du poinct de grauité est semblable à la raison des pesanteurs: car ainsi que la raison de C. à E. est double de C à I. ainsi le poids double 12. sera double de celuy 6. & ainsi comme C. F. est triple de C. I. ainsi le poids I. sera triple de F. & C. B. quatre fois plus long que C. I. ainsi le poids 12. sera quatre fois plus pesant que D. pour rẽdre le fleau en esquilibre. Voila comme les proportions de l'esloignement du poinct de grauité se rapportent aux proportions des pesanteurs. Ce qui a esté ainsi ordonné de la nature, afin que si vne chose legere fist leuer vne chose pesante que ladite chose legere fist aussi plus de chemin en mesme temps, afin que toutes ces proportions fussent reglées comme en voicy encores vne exemple.

Soit le fleau B. A. & le poinct de grauité C. ie dis que puisque E est en raison double du poinct de grauité auec Q. ainsi si le fleau est mouué en sorte que E. soit esleué vers O. & Q. abaissé vers I. que la raison de E. O. est aussi double à Q. I. & que la proportion du temps Q. I. auec E. O. est semblable aux esloignemens de l'vn & l'autre du poinct de grauité.

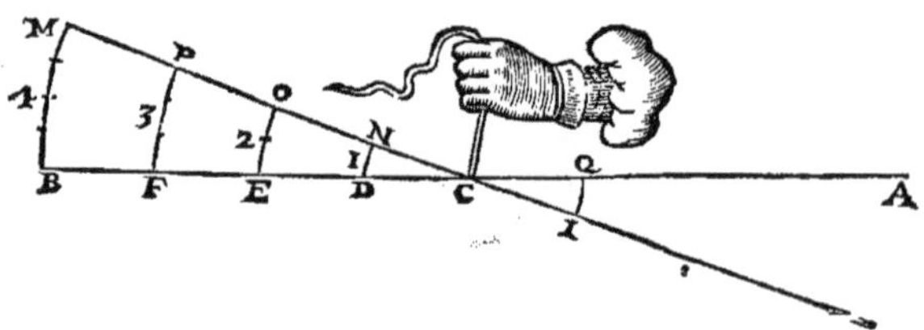

La nature ayant ainsi lié ces raisons, c'est folie aux hommes de les vouloir destruire en recherchant de faire des mouuemens, dont le plus leger emportera le plus pesant, auec pareille vistesse & temps. Ie desirerois doncques que ceux qui cherchent vn mouuement continuel auant que d'entrer en despēce de temps & d'argent, & aussi pour ne point estre accusées d'ignorance, estudiassent à ces raisons, dont toutes les proportions de toutes sortes de mouuemens dependent, tout ainsi comme toutes les proportions des figures mises en racourcissement par par la perspectiue, plans des nombres & des lignes superficies & solides dependent de la raison de la 35. Proposition du premier d'Euclide. Ces deux raisons doncques ont esté tres-iustement données aux hommes, pour en tirer leurs proportions sans confusion, & (comme i'ay dit) l'homme ne doit sortir de ces bornes, s'il veut estre iuste en ses affaires.

Puisque ie suis entré si auant à parler des Proportions, & auoir monstré que toutes celles cy dessus dites ont de certaines raisons demonstrables : ie diray ce qui me semble des raisons des consonantes de la Musique, & monstreray comme lesdites consonantes ne se peuuent accorder auec nos nombres,

PREMIEREMENT, nous donnons d'vn commun consentement les raisons qui suiuent ausdites consonantes, sçauoir au Diapason la raison double, à la Diapente la raison sesquialtera, le Diatessaron la raison sesquiterra, le Diton sesquiquarta, le Semy-Diton la raison sesquiquinta. Or ces raisous estans ainsi disposées, il s'ensuit que l'interuale entre Diatessaron & Diapente est vn ton en raison sesquioctaua, & l'interuale entre le Semy-Diton & Diatessaron est vn autre ton en raison sesquinona : c'est pourquoy l'on presuppose qu' l y a ton maior & ton minor en la Musique. Or si nous examinons plus auant lesdites raisons par nombre, nous trouuerons encores vne confusion d'autres tons & semy-tons, comme i'en donneray icy vne exemple.

Soit le Monocorde en la figure suiuante gradué de toutes les interuales entre Aré, & à la miré suiuant les susdites raisons, & soit donné le nombre de 17280 à Aré, il est certain que alamiré aura 8640. afin que Aré luy soit en raison double, aussi sonnant la corde entiere contre la partie 8640. elle sonnera en raison double. Apres diuisant la corde & le nombre en 3 parties, & donnant deux desdites parties à Elamy, il aura pour nombre 11520. & ainsi ledit Elamy sera Diapente contre A. R. E. tant en nombre qu'en mesure. Soient encores posées les autres diuisions & nombres comme elles sont audit Monocorde, nous trouuerons que Elamy est Diatessaron à ♮ my qui a pour nombre 15360. & D. sol ré qui a pour nombre 12800. est semy-diton contre ledit ♮. Apres si nous voulons auoir diatessaron contre Aré, ce ne sera pas le D. sol ré susdit, il faut que ce soit vn autre qui a pour nombre 12960. Voila desia vn defaut à ladite corde. C'est pourquoy si l'on vouloit chanter lesdites interuales suiuant comme elles sont icy mises sur les regles suiuantes: Et en obseruant les nombres icy posez, il faudroit que la derniere note qui est en D. sol ré fust vn comma plus basse que la 3. Ce qui seroit contre la nature de la voix, qui doit auoir ses interuales tres-iustes.

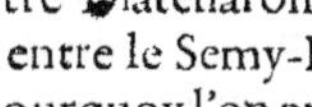

Vn cōma est l'interuale qui est entre le tō maior & le minor.

Apres

Apres, si l'on vouloit descendre dudit D sol ré, qui a pour nombre 12960. vn. semy-diton en bas, il faudroit auoir encores vn autre ♮ qui auroit pour nombre 15552. Et si l'on vouloit monter dudit ♮ vn Diatessaron plus haut, il faudroit encores vne autre interuale qui n'est pas icy desseignée pour euiter confusion, & tant plus l'on voudroit aller auant, tant plus l'on se trouueroit en confusion. Voila doncques la raison pourquoy lesdits nombres ne sont pas rationnaux auec lesdites interuales.

Voyons maintenant d'où peut venir cét erreur, & s'il y a moyen d'y remedier, afin que les proportions desdites interuales fussent bien d'accord ensemble. Premierement, si l'on donne la raison sesquialtera à la Diapente, il s'ensuit que le Diatessaron aura raison sesquiterra : d'autant que la corde aiguë de ladite Diapente est graue contre la corde qui est en Diapason contre la basse de ladite Diapente : & par semblable raison il faudra que le ton (qui est l'interuale entre Diapente & Diatessaron) aye raison de 8. à 9. Et si l'on met deux tons ayans semblable raison pour faire le diton, il surpassera la raison sesquiquarta d'vn comma, & ainsi faudra que le semy-ton qui seroit ioint audit diton pour faire Diatessaron eust raison comme de 243 à 256. afin que ledit Diatessaron eust raison sesquiterra.

Ceste diuision du Monocorde est celle que Zarlin dit auoir esté inuentée de Pytagoras.

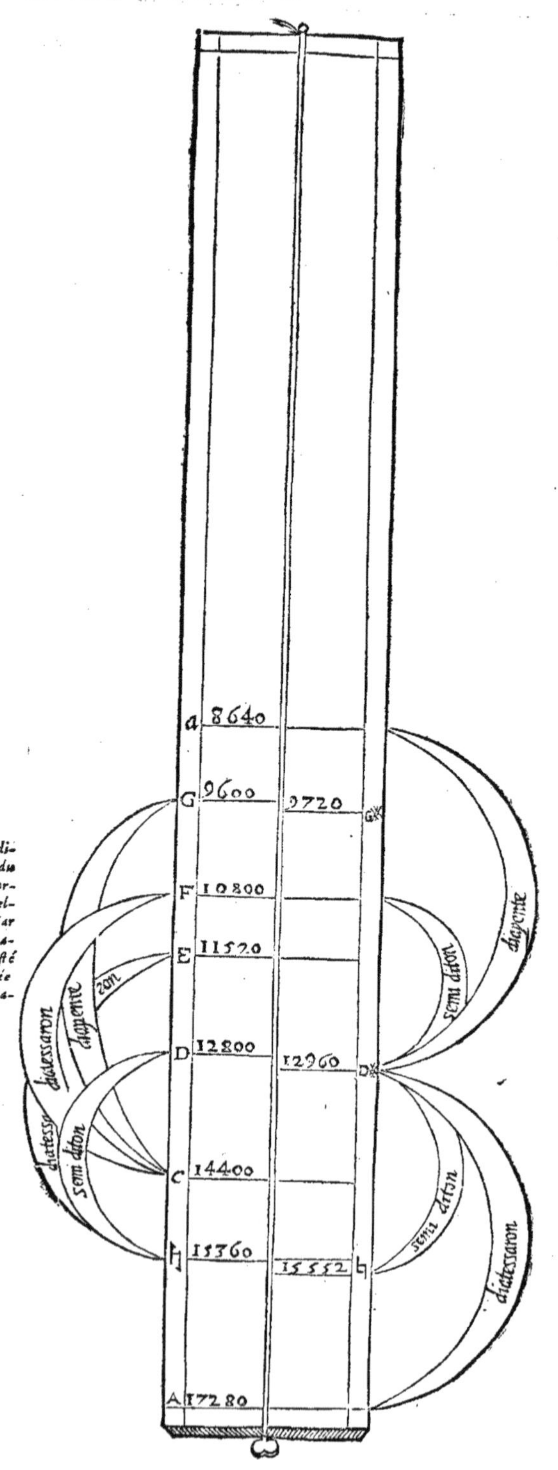

Il faut que toutes les proportions de la Musique se rapportent au sens de l'oüye.

Or si ces interualles sont proportionnées de la façon, il sera facile à iuger par le sens de l'oüye (où il faut que toutes lesdites proportions se rapportent) qu'elles seront fausses: car le diton ayant ceste raison sera trouué trop grand, & le semy-ton trop petit. Si doncques on tempere ledit diton, & qu'on luy donne la raison de 4. à 5. afin que ledit semy-ton aye sa raison plus grande, & qu'il soit iuste au sens de l'oüye, alors ledit diton sera presque iuste à l'oüye: mais il sera composé de deux tons, lesquels s'ils sont esgaux, ils ne pourront auoir la mesme raison de celuy qui est entre la Diapente & le Diatessaron, comme a esté desia monstré. Tellement que ces raisons monstrent que tous lesdits nombres sont irrationnaux, excepté le Diapason, que la necessité veut qu'il faut qu'il soit en raison double: car autrement estant diuisé, vne partie de la corde seroit plus aiguë que l'autre, & ne seroit plus Diapason.

Mon opinion doncques est, que pour rendre lesdites consonantes proportionnelles les vnes auec les autres, qu'il faut qu'il n'y aye qu'vne sorte de ton qui sera vn peu moindre en raison que de 8. à 9. & par consequent quand on accordera la Diapente sur l'orgue, il faudra la tenir tant soit peu plus basse que la raison de 2. à 3. & par consequent le Diatessaron autant plus haut, & ainsi l'on aura facilement toutes les autres proportions: & bien qu'elles ne s'accordent auec nos nombres, elles s'accorderont pourtant auec l'oreille, laquelle doit estre preferée aux nombres, car le but de la Musique est de donner contentement à l'oüye.

Le iugement de la Musique doit estre examiné premierement par l'oüie, puis chercher si nos nombres s'y peuuent accorder.

Mais quelque pedant de Musicien pourra dire que les nombres sont iustes & l'aureille fautiue: car ce qui est d'accord au iugement de l'oüye à l'vn ne l'est pas à l'autre. Ce qui est tres-vray: Mais il faudroit doncques qu'il trouuast des nombres autres que les nostres, car il est impossible d'en donner les proportions iustes les vnes auec les autres. Ce qui demonstre (comme i'ay desia cy deuant dit) que la Nature ne se sert point de nos nombres en ce qu'elle ordonne, & qu'elle en a d'autres dont nous n'auons nulle cognoissance.

Or que la Nature ordonne les consonantes (outre les raisons ordinaires que nous oyons que ce sont des sons qui se meslent ensemble & qui donnent contentement à l'oüye) en voicy vne demonstration que fort peu de gens ont recogneuë & dont i'ay fait l'experience. Soit vn petit vaisseau de plomb enuiron d'vn pied

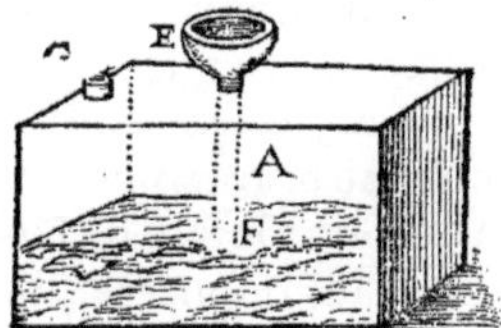

ou pied & demy en quarré marqué A. clos & bien soudé de tous costez que l'air n'eschappe point hors iceluy sinon par le trou G. & soit fait vn tuyau marqué E F. en sorte qu'il soit presque aussi bas que le fond dudit vaisseau, y restant seulement la distance pour passer l'eau, & qu'il soit soudé au haut dudit vaisseau, ayant vn receptacle pour receuoir l'eau au bout du haut. Si doncques l'on met vn tuyau d'orgue bousché d'enuiron vn pied de long, & qu'il puisse sonner à petit vent sur le trou G. & qu'on verse de l'eau dans le receptacle E. en sorte qu'il

soit

soit tousiours plein, alors l'air qui est dans ledit vaisseau sortira par ledit trou G. & fera sonner ledit tuyau premierement le son graue, & ledit air se venant peu à peu à s'augmenter, fera sonner ledit tuyau à la double quinte, qui est Diapason Diapente: Puis si l'on augmente tousiours ledit air, il montera encores vn Diatessaron plus haut, sans qu'entre lesdites interuales il puisse sonner autres sons. Si doncques le mesme tuyau, sans qu'on y touche pour le racourcir ou alonger, va de soy-mesme ausdites consonantes en augmentant l'air, & qu'il ne soit pas possible de luy faire sonner aucunes dissonnantes, il est certain que ce n'est pas ouurage de fortune que lesdites interuales, mais vne regle de proportions diuines. Si au lieu dudit vaisseau de plomb l'on veut se seruir d'vn soufflet, augmentant la force dudit soufflet par des poids qu'on mettra dessus, l'on aura le mesme effect. Si aussi on sonne vn cornet de chasse plus fort que le son ordinaire, ou il faut qu'il monte à la quinte ou à l'octaue, ou il demeurera audit son ordinaire, & n'y a moyen quelconque de luy faire sonner vn ton ou vn demy ton, ou autre interuale, si ce n'est lesdites consonantes. L'on peut voir doncques par ces effects, que la Nature a donné de certaines interuales ausdites consonantes.

Venons maintenant à parler des raisons & proportions du cours du Soleil, & si ses proportions se rapportent à nos nombres ou autres mesures.

DE tous les Astres, c'est le Soleil où l'homme s'est le plus estudié à sçauoir rendre certaine raison de son cours, afin d'establir vn certain ordre pour mesurer le temps. Les premiers hommes doncques considerans que les iours estoient en certaine saison plus longs qu'en vne autre, en cercherent la raison: & subtilisans les vns apres les autres, trouuerent que pour rendre raison dudit cours du Soleil, qu'il luy falloit donner deux cours ou mouuements, dont l'vn (qui est celuy qu'il fait d'Orient en Occident en 24 heures) qu'ils appellerent rapide ou violent, d'autant qu'ils creurent que le firmament faisant pareil cours emportoit le Soleil auec soy & luy occasionnoit ce cours: & l'autre, ils le nommerent naturel ou non forcé, qui est celuy qu'il fait par son retardement d'Occident en Orient tous les iours d'enuiron vn degré au long de la ligne escliptique. Ils tirerent doncques vne Sphere materielle auec plusieurs cercles, pour faire vn modelle du cours dudit Soleil, & iugerent du temps de Numa Pompilius second Roy des Romains, qu'il faisoit son cours naturel en 365 iours. Voila doncques vne raison par les nombres, qu'ils croyoient que le Soleil faisoit. Quelque temps apres l'on y trouua vn tres-grand erreur: Car du temps de Cesar l'on trouuoit que les festes qui estoient du temps de Numa au prin-temps auoient changé de saison, Et pour remedier à cét accident l'on ordonna le iour de Bissexte, qui est de faire couler vn iour à chacune 4. année, sçauoir luy donner 366 iours, afin que le cours dudit Soleil fust de 365 iours 6 heures. Et de nostre temps l'on a encores trouué faute à ce compte, car l'on a retranché 10 iours tout d'vne fois du temps du Pape Gregoire. En somme, tous ces calculs differents monstrent que nous n'auons pas la vraye mesure de l'année. Et bien que ceste espace de temps aye vne raison, si est-ce que nous ne la pouuons pas cognoistre. Mais si l'on respond à cecy, que la Nature a ordonné vn temps certain à chacun Astre pour faire son cours, & par la cognoissance que nous en auons nous predisons les Eclipses & autres pareils accidents qui arriuent par les mouuemens des Astres. Cela est vray, mais nous ne les predisons pas si correctement comme ils arriuent : car en 100 ans de temps nous voyons tousiours quelque erreur en nostre compte. Cela nous monstre que la Nature ne trauaille point par nos nombres, & qu'elle en a d'autres qui nous sont incogneus : toutesfois nous auons grande obligation à ceux qui se sont efforcez à rendre raison des susdits mouuements par nos nombres, car l'erreur est presque insensible.

De la grandeur, mouuement & vitesse du Soleil.

AVant que de traiter des raisons des ombres du Soleil, nous dirons icy vn mot de sa grandeur, esloignement de la terre & de sa vitesse. Premierement, sa grandeur a esté recogneuë par son esloignement de la terre & son esloignement par les eclipses de la Lune, en sorte que les plus diligens obseruateurs de sa gran-
4. *Liure chap.* 5. deur, comme rapporte Iean Pierre de Mesmes en son Institution Astronomique, disent que la terre est 39, aucuns 40 fois plus petite que la terre, & le Soleil 6644 plus grand que la Lune, qui seroit 160 fois $\frac{1}{2}$ plus grand que la terre. Quant à leur esloignement de la terre, ils tiennent que la Lune est esloignée 64 midiametres terrestres, qui sont enuiron 3850 degrez terrestres, reuenans à 96250 lieuës françoises, comptant 25 lieuës pour vn degré, & le Soleil s'esloigne de nous 18 fois plus que la Lune, qui seroit 1152 demy diametres de la terre, qui sont 69120 degrez, reuenans à 1737000 lieuës françoises. Si doncques nous voulons faire vne figure semblable & proportionnelle ausdites grandeurs & esloignements de la terre, il nous faut premierement faire vn grand cercle contenant 4 pieds en diametre, qui representera la circonference du Soleil, & faire la terre d'vne ligne en diametre, car 4 pieds contiennent 576 lignes tout ainsi que le diametre du cercle du Soleil contient 576 diametres de la terre.

Quant à la vitesse du cours du Soleil, voicy comme on la cognoistra : puis qu'il est esloigné 1152 demy diametres de la terre, il s'ensuit par la raison du fleau que nous auons monstré cy deuant, que le degré de la circonference du Soleil sera aussi 1152 fois plus grand que celuy de la terre, & ainsi multipliant 1152 par 25 lieuës, le produit sera 28800 lieuës, que le degré du cours du Soleil contient : & multipliant ledit nombre par 15 degrez, nous aurons 432000 lieuës, que le Soleil fait en vne heure de temps : & diuisant ledit nombre par 60, nous aurons 7200 lieuës, que ledit Soleil fait en vne minute de temps.

Ceste grandeur & vistesse incroyable du Soleil a donné suiet à plusieurs curieux esprits de chercher vn moyen à supposer vne autre façon de Sphere où ils mettent le Soleil au milieu comme centre de l'Vniuers, & taschent à sauuer toutes les apparences fort industrieusement, en faisant tourner la terre & tous les autres corps celestes à l'entour : mais d'autant que c'est chose dangereuse de destruire vne creance receuë de tout temps, & dont mesmes la saincte Escriture
Esdras 3. *l.* 4. *chap.* 34. *vers.* fait mention, disant : *La terre est grande & le ciel haut, & le Soleil leger en sa course : car en vn iour il tourne tout à l'entour du Ciel.* Nous deuons doncques arrester nostre curiosité dans les bornes de nostre Religion.

DEFINITIONS DES CHOSES LES PLVS NECESSAIRES DE SAVOIR POVR parvenir à l'intelligence des horloges solaires.

DEFINITION PREMIERE.

CENTRE DV MONDE *(en la fabrique des horloges) est vne fort petite balle ronde qui est posée au bout d'vne esguille, & par le moyen de l'ombre de ladite petite balle, l'on congnoist l'heure qu'il est sur le plan de l'horloge.*

EN la premiere proposition sera demonstré la proportion des ombres dudit centre du monde d'auec le cours du soleil, mais icy il est necessaire de monstrer qu'encores que toutes les horloges qui sont sur la terre vniuerselle ont chacune vn centre du monde, ce neantmoins chacun desdits centres est imaginé estre iustement au milieu du firmament : ce qui n'est pas pourtant, car le vray centre du firmament est vn point au centre de la terre, ainsi apprehendé par l'intelect, mais par l'apprehension de nos sens quelque part que nous soyons il nous semble que nous soyons iustement au milieu dudit firmament, la demonstration s'en fera fort clairement. Soit proposé la terre auoir la grandeur A. au respect du firmament B. C. D. E. F. G, soit doncques posé vne reigle ou niueau

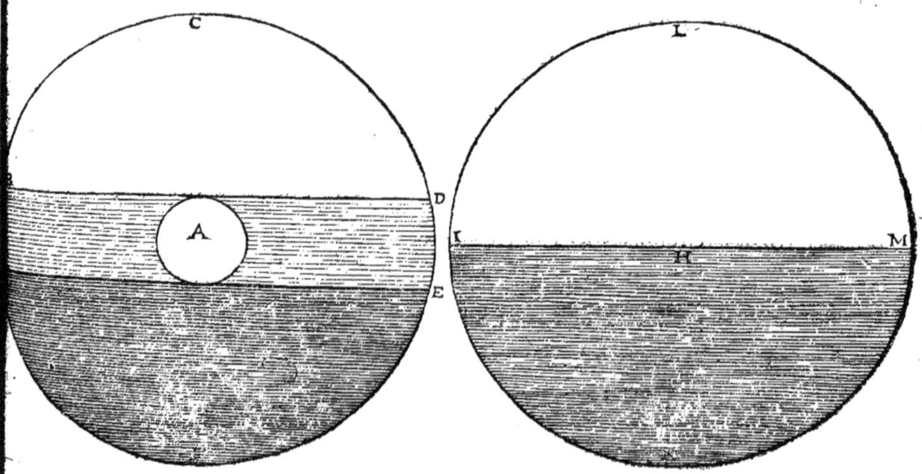

bien droict sur la superficie de ladite terre en sorte que le 21. de Mars (iour qui est esgal à la nuit) vn des bouts de ladite reigle soit tourné où le soleil se leue, & l'autre bout où il se couche : soit doncques les points des rayes visuels de ladite reigle contre le firmament B. D. il est doncques certain que si le soleil se leue en B. & se couche en D. la partie D. F. B. sera beaucoup plus grande que B. C. D. & ce d'autant plus grande que B. D. est eslongné de G. E. Soit apres fait vn autre cercle I. L. M. N. dont le centre sera H. soit semblablement dressé vne reigle bien droite & bien à niueau de I. à M. où le soleil se leue & couche le 21. de Mars, il est certain alors, que la partie du iour sera esgale à celle de la nuit, d'autant que les points I. M. diuisent le firmament en deux parties esgales : & puis qu'il est certain que nous voyons la moitié du firmament par vne reigle ou tablete qui sera posée bien à niueau en quelque part que nous soyons sur la terre, il est doncques certain que la moitié du ciel ou firmament se void tousiours dessus nostre orison, & par consequent nous sommes tousiours sur la ligne qui diuise ledit firmament en deux parties esgales qui est le diametre : or si vn autre diametre dudit firmament est tiré quelque part que ce soit, il coupera le premier au centre dudit firmament, d'autant que tous les diametres qui sont tirées dans la Sphere se coupent tous en vn mesme point, qui est le centre. Par ces demonstrations on conclura que LA TERRE N'EST QV'VN POINT AV REGARD DV FIRMAMENT.

DEFINITION II.

AXE DV MONDE *ou Essieu du monde, est vne ligne imaginée immobile qui passe par le centre du monde, & le soleil tourne continuellement alentour d'icelle.*

DEFINITION III.

Pole artique, mot grec qui est a dire pinot de lourse.

POLE ARTIQVE *est le point septentrionnal ou du nord, à l'vn des bouts de l'axe du monde sur lequel le firmament tourne.*

DEFINITION IIII.

Antartique oposé à lourse.

POLE ANTARTIQVE *est l'autre point oposé au susdit sur lequel le firmament tourne.*

LA nature qui a ordonné toutes choses a fait que ce qui est meu circulairement se meut sur vn point immobile, & tout ainsi comme vne roüe de charette tourne sur son essieu ou axe, sans que ledit axe tourne, ainsi la voute celeste tourne en vingt-quatre heures vn tour sans que lesdits points se bougent qu'on appelle polles, ny mesmement l'axe desdits polles lequel est aussi immobile, & par son moyen nous congnoissons l'heure qu'il est quand son ombre donne dessus le plan des horloges : il n'y a que ces deux choses au monde, sauoir le susdit axe & la representation de la terre auec vne petite balle comme a esté a esté monstré à la premiere Definition, par lesquelles l'on puisse congnoistre l'heure par l'ombre du soleil, à cause que tout le reste mouue d'vn autre mouuement que celuy du soleil, comme sera enseigné par cy aprés.

DEFINITION V.

LIGNE EQVINOXIALE *est vne ligne ou cercle imaginé esquidistant des poles du monde, lequel cercle ou ligne diuise le Globe ou Sphere en deux parties esgales.*

Equinoxiale terme latin qui veut dire iour esgal à la nuit.

DEFINITION VI.

LIGNE ECLIPTIQVE *est vne autre ligne ou cercle imaginé non esqui distant des poles du monde, lequel diuise le Globe ou la Sphere en deux parties esgales obliquement, & le soleil se retardant tousiours d'enuiron vn degré sur ceste ligne ou cercle oblique cause l'inegalité des iours.*

Esclipti que mot qui signifie defaillant à cause que quand la lune se rencötre soubs ceste ligne, elle perd sa lumiere, ou elle la fait perdre au soleil.

TOVS les cercles du Globe celeste & terrestre sont diuisez en 360 parties apelées degrez, & ce d'autant que ce nombre reçoit dauantage de diuisions qu'autre qui soit au dessoubs : doncques ceste ligne esliptique estant diuisée en 360 parties, elle s'eslongne en la part de sa plus grande obliquité vingt trois degrez & demy du cercle esquinoxial, comme il se peut voir en la presente figure, qui est vne Sphere en perspectiue, où l'on void ladite ligne esliptique au milieu du Zodiaque. Ainsi tout le firmament tournant sur l'axe du monde, porte auec soy le Soleil, lequel pourtant resiste vn peu à ce mouuement, car tous les iours il recule insensiblement enuiron vn degré sur ladite ligne esliptique, en sorte que peu à peu haussant & baissant en ladite ligne fait inegalité des iours & des nuits.

Et pour donner encore ce cours du soleil à entendre allant son cours par la ligne esliptique, acomparons-le à vn limaçon qui seroit sur le bord d'vne grande rouë laquelle tourneroit d'orient en occident vn tour en 24 heures qui sont 360 degrez, & que ledit limaçon cheminast tout au contraire de ladite rouë, sçauoir d'occident en orient enuiron vn degré, ainsi le soleil fait son cours tout à l'entour de la ligne esliptique en vn an : or ceste ligne a des autres poles & vn autre axe que ceux du monde, comme il sera monstré par cy aprés

DEFINITION VII.

TROPIQVE DE CANCER *est vn cercle imaginé au ciel, lequel est la borne du soleil quand il est à son plus haut degré en l'esliptique.*

Tropique, mot grec qui signifie retour, à cause que quand le soleil est arriué là il s'en retourne.

DEFINITION VIII.

TROPIQVE DE CAPRICORNE *est vn autre semblable cercle imaginé, lequel est la borne du soleil quand il est en son plus bas degré en l'esliptique.*

CES deux lignes ou cercles dits tropiques sont paralelles à l'esquinoxial, comme il se peut voir en la precedente figure : ils sont eslongnez de 23 degrez ½ de l'esquinoxial, tellement que d'vn tropique à l'autre il y a quarante-sept degrez.

DEFINITION IX.

Zodiaque est vn mot grec qui signifie porte-animal, à cause des douze signes ou animaux qui sont imaginez en son contenu.

ZODIAQVE *est vne bande ou escharpe imaginée au ciel où la ligne escliptique est iustement au milieu laquelle est diuisée en 12 signes chacun 30 degrez de long & 12 de large.*

DE tous les cercles de la Sphere il n'y a que le Zodiaque auquel on donne largeur, & la cause de ceste largeur est, que les estoilles errantes (autrement dites planettes, dont la lune est du nombre) ne vont pas comme le commun cours des autres, ains s'eslongnent ou aprochent de la ligne escliptique, les vnes plus, les autres moins, en sorte que les obseruateurs de ces choses ont trouué que le plus grand eslongnement que fait lesdites planettes de la ligne escliptique sont 6 degrés, mais en la construction des horloges nous n'auons point besoin de ceste largeur, mais seulement de la distance des signes sur la ligne escliptique.

DEFINITION X.

LES DOVZE SIGNES *sont douze diuisions esgales chacun de 30 degrez qui sont sur le Zodiaque.*

LES anciens Astronomes considerant que le soleil & les autres planettes auoient chacun vn cours particulier dans le Zodiaque, diuiserent ledit Zodiaque en 12 parties esgales assignant à chacune partie certain nombre d'estoilles fixes lesquelles se rencontrent soubs lesdites diuisions. Et d'autant qu'il leur falloit donner quelques noms pour les discerner les vns des autres, ils les nommerent comme ils sont en ceste table, & mesmes à chacun donnerent vn caractere tels comme ils sont icy desseignées.

Les trois signes du printemps.	*Les trois signes d'Esté.*
Aries, ou mouton ♈	Cancer, ou Cancre ♋
Taurus, ou Taureau ♉	Leo, ou Lion ♌
Gemini, ou Gemeaus ♊	Virgo, ou Vierge ♍
Les trois signes d'autonne.	*Les trois signes d'yuer.*
Libra, ou Balances ♎	Capricornus, ou Mibouc ♑
Scorpius, ou Scorpion ♏	Aquarius, ou Verseau ♒
Sagitarius, ou Sagitaire ♐	Pisces, ou Poissons ♓

DEFINITION

SPHERE RONDE MISE EN RACOVRCISSANT pour l'intelligence de tout ce que dessus.

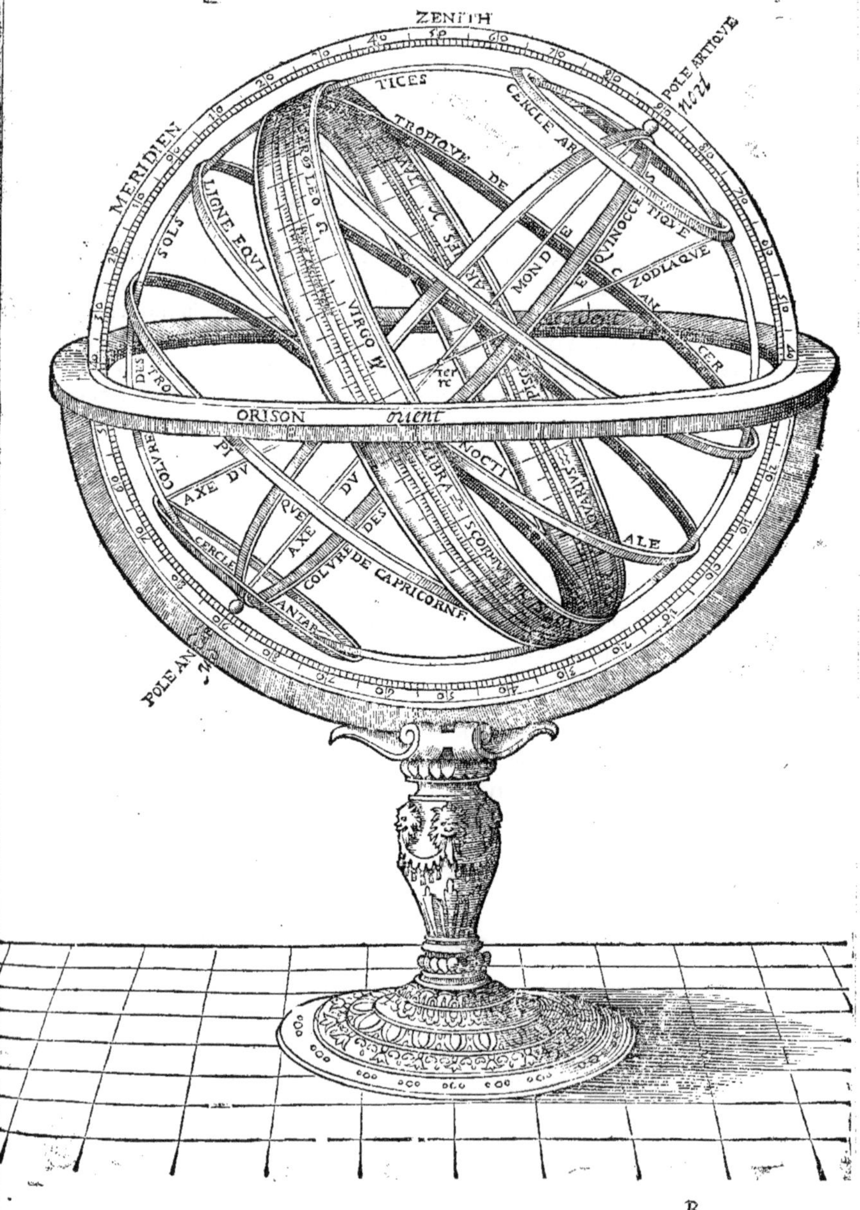

DEFINITION XI.

AXE DV ZODIAQVE ou essieu est une ligne imaginée trauersant le milieu du monde & sur lequel le soleil fait son cours particulier d'occident en orient sur la ligne esliptique.

TOVT ainsi comme tout le firmament tourne en 24 heures autour de la terre sur l'axe du monde d'orient en occident emportant auec soy toutes les planettes, ainsi lesdites planettes (& specialement le soleil) n'allant si viste comme ledit firmament, retarde tous les iours d'vne 365iesme partie de son cours entier, & ce retardement se fait sur vn autre axe que celuy du monde, & est cestuy-cy dont nous parlons.

DEFINITION XII.

CERCLE ARTIQVE est vn petit cercle en la Sphere sur lequel vn des piuots de l'axe du Zodiaque est coloqué.

DEFINITION XIII.

CERCLE ANTARTIQVE est vn autre semblable petit cercle où l'autre piuot du Zodiaque est coloqué.

DEFINITION XIV.

COLLVRE des soltices est vn grand cercle de la Sphere qui passe par les tropiques de Cancer & Capricorne par les poles du monde & du Zodiaque.

DEFINITION XV.

COLLVRE des esquinoxes est vn autre cercle de la Sphere qui passe par le commencement d'Aries & libra.

CES deux collures ou cercles seruent en partie pour tenir tous les autres cercles ensemble, d'autant qu'ils les trauersent tous à droits angles.

DEFINITION XVI.

MERIDIEN est vn grand cercle dans lequel la Sphere tourne sur les poles du monde.

DEFINITION XVII.

Orison, mot grec finiteur de la veuë.

ORISON est vn cercle qui diuise le ciel en deux esgales parties par la superficie de la terre ou de l'eau, laquelle superficie empesche que nous ne pouuons voir l'vne desdites parties du ciel.

DEFINITION XVIII.

SEPTENTRION *ou nord, eſt la partie du ciel où eſt le pole artique.*

DEFINITION XIX.

MIDY *ou ſud eſt la partie du ciel où eſt le pole antartique.*

DEFINITION XX.

ORIENT *ou eſt, eſt la partie du ciel où le ſoleil ſe leue quand il eſt en l'eſquinoxe.*

DEFINITION XXI.

OCCIDENT *ou oueſt, eſt la partie du ciel où le ſoleil ſe couche quand il eſt en l'eſquinoxe.*

DEFINITION XXII.

CLIMATS *ſont cercles imaginez ſur la ſuperficie de la terre, paralelles à la ligne eſquinoxiale.*

DEFINITION XXIII.

HORLOGE EQVINOXIALE *eſt dite ainſi quand le plan de ladite horloge eſt paralelle à l'eſquinoxial.*

DEFINITION XXIV.

HORLOGE ORISONTALE *eſt dite ainſi quand le plan de ladite horloge eſt paralelle à l'eſquinoxial.*

DEFINITION XXV.

HORLOGE VERTICALE *eſt ainſi dite quand le plan de ladite horloge eſt eſleué perpendiculaire ſur l'oriſon & paralelle à la ligne d'orient en occident.*

DEFINITION XXVI.

HORLOGE POLAIRE *eſt dite ainſi quand le plan de ladite horloge eſt pendant comme l'axe du monde.*

DEFINITION XXVII.

HORLOGE MERIDIENNE *eſt dite ainſi quand le plan de ladite horloge eſt paralelle à la ligne du midy.*

PLAN PERSPECTIF DES CINQ HORLOGES regulieres dessus nommées, lesquelles sont iointes ensemble, & sont faites sur les 60 degrez d'esleuation du pole.

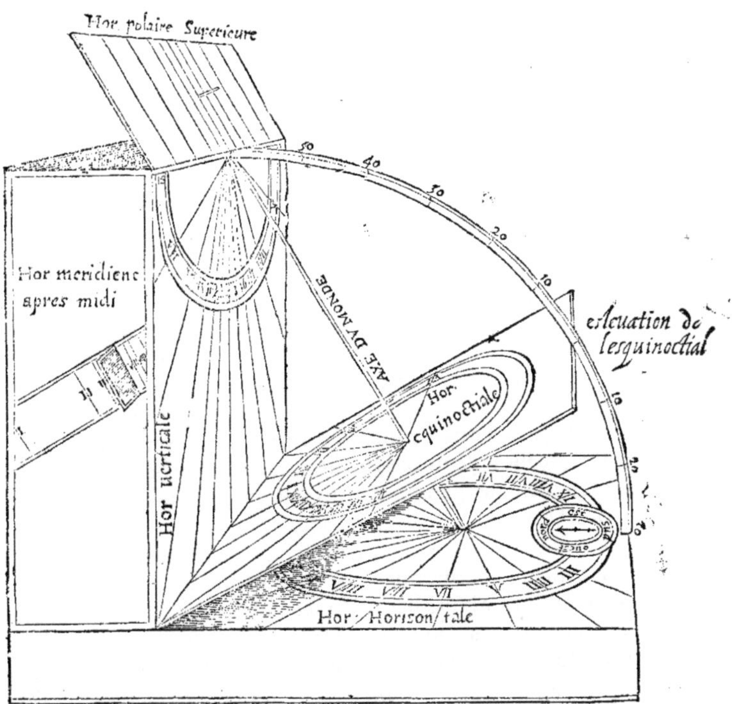

LE plan cy dessus designé donne vne forte intelligence des cinq horloges susdites, où l'on void particulierement la disposition en perspectiue de chacune d'icelles, sauf la meridienne auant midy, la partie inferieure de l'esquinoxiale & la partie inferieure de la polaire : elles sont toutes sur les 60 degrez d'esleuation du pole, qui font 30 degrez de l'esquinoxial.

L'on fait encores vne infinité d'horloges declinantes des susdites, comme quand vne muraille verticale ne regarde pas iustement le midy, ou quand vne autre n'est pas paralelle au meridien, tellement qu'on regarde de combien elles declinent de degrez, comme sera enseigné cy apres.

DEFINITION XXVIII.

IOVR NATVREL *est le temps que le soleil demeure à faire sa circonference depuis vn midy iusques à l'autre.*

DEFINITION

DEFINITION XXIX.

IOVR ARTIFICIEL *est le temps que le soleil demeure sur l'orison depuis son leuer iusques à son coucher.*

DEFINITION XXX.

HEVRE ESGALE *est la vingtquatriesme partie du temps que le soleil est à faire sa circonference.*

DEFINITION XXXI.

HEVRE INESGALE *ou antique est la douziesme partie du temps que le soleil demeure sur nostre orison depuis son leuer iusques à son coucher, & aussi la douziesme partie du temps que le soleil demeure sous nostre orison.*

ES premiers hommes qui diuiserent le iour & la nuict, trouuerent à propos de partir lesdits iour & nuict chacun en 12 parties esgales, tellement qu'aux pays où les iours artificiels sont fort longs en esté & courts en hyuer, l'on estoit contraint d'allonger ou racourcir les heures, & tout semblablement des nuicts: mais d'autant que c'est vne grande peine à esgaler tousiours le nombre desdites heures au iour ou à la nuict, l'on a trouué plus à propos de les faire esgales en tout le temps de l'année, sçauoir depuis midy iusques au midy prochain, & diuiser ledit temps en 24 parties esgales, comme nous faisons en France, Angleterre, pays bas & partie de l'Allemagne: mais en Italie & Bohesme l'on diuise le iour d'vne autre façon, car ils commencent à conter leur premiere heure, vne heure apres que le soleil est couché, & continuant à conter iusques à 24. au point qu'il se couche, & ainsi il semble que leurs heures sont esgales tout du long de l'année: ce qu'il n'est pas pourtant, car depuis que le soleil commence à monter du premier de Capricorne iusques au premier de Cancer par la ligne ecsliptique, le temps qui se fait du soleil couchant au lendemain soleil couchant, est plus long d'enuiron vne minute & vn sixiesme que non pas la distance d'vn midy à l'autre, à ceux qui habitent à Rome, & à ceux qui habitent les pays septentrionnaux, la difference seroit bien plus grande. La raison de cela se demonstrera cy apres en l'vsage de la Sphere plate. Les Babiloniens commencent à conter leur premiere heure vne heure apres le soleil leuant, & continuent iusques à 24 heures au point que le soleil se leue le prochain iour apres, & il leur arriue mesme accident comme en Italie, mais le plus grand defaut de ces horloges n'est pas cét accident, car c'est peu de chose en nostre commerce si vn iour est plus long qu'vn autre d'vne minute ou deux, mais il arriue qu'en hyuer le midy qui doit separer le iour artificiel en deux parties esgales est à 19 ou 20 heures & le midy de l'esté à 15 ou 16 heures, qui cause vne grande confusion à la mesure du temps. Or autant de temps que les 24 heures des iours depuis le premier de Capricorne iusques au premier de Cancer sont plus longs, autant de temps sont-ils plus courts quand le soleil se rabaisse depuis le premier de Cancer iusques au premier de Capricorne.

Inesgalité des heures aux horloges d'Italie & Bohesme.

Mesme inesgalité aux horloges Babiloniques.

Confusion aux horloges Italiques & Babiloniques.

C

DEFINITION XXXII.

MERIDIENS *sont cercles imaginez sur la terre qui vont directement d'vn pole à l'autre coupans la ligne esquinoxiale à droits angles.*

TOVT ainsi comme les lignes des climats vont d'orient en occident ainsi ces autres icy vont d'vn pole à l'autre, tellement que toutes les villes qui sont sous mesme meridien ont le midy en mesme temps comme Diepe, Paris, Valence, & autres qui sont sur la mesme ligne meridienne dudit Paris.

DEFINITION XXXIII.

LATITVDE *est la distance qu'il y a de l'orison iusques au pole.*

POVR cognoistre les distances qu'il y a d'vne partie du ciel à vn autre, l'on a trouué bon de diuiser son entiere rotondité en 360 parties appellées degrez, comme a esté dit en la 6. Definition, lesquels se commencent à conter depuis la ligne esquinoxiale iusques au pole, lequel estant esleué de 90 degrez de l'esquinoxial, ainsi la partie de la terre, comme par exemple Paris, est dite à 48 degrez 40 minutes de latitude, à cause que depuis l'orison dudit Paris iusques au pole il y a autant de degrez.

DEFINITION XXXIIII.

LONGITVDE *est la distance qu'il y a depuis le grand meridien iusques au lieu proposé.*

TOVT ainsi comme le ciel & la terre sont diuisez en 360 parties, sçauoir 180 degrez d'vn pole à l'autre, ainsi sont-ils encore diuisez de l'autre sens, sçauoir d'orient en occident. Et d'autant qu'il n'y a rien au ciel sur quoy l'on puisse mesurer lesdites longitudes, à cause qu'il tourne perpetuellement, l'on a imaginé vne ligne sur la terre du septention au midy passant par les isles fortunées & à 8 degrez vers l'orient du Cap de sainct Augustin, laquelle ligne on imagine fixe sur le Globe de la terre, & sur laquelle l'on mesure la distance de ladite ligne iusques en la partie orientale ou occidentale desirée. Comme par exemple, ie veux sçauoir combien la ville de Paris a de longitude, faut pour cét effect regarder sur le Globe & prendre la distance qu'il y a de ladite ligne fixe iusques à ladite ville, & on trouuera 24 degrez : autant est la longitude orientale de ladite ville.

ENSVIT

ENSVIT L'VSAGE DE LA SPHERE PLATE QVI SERT A L'INTELLIGENCE de la fabrique & raisons des horloges.

PROPOSITION PREMIERE.

Pour trouuer le leuer & coucher du soleil à tout iour proposé.

SOIT posé l'orison sur l'esleuation du pole où l'on est : comme par exemple, soit posé ladite orison sur les 48 degrez 40 minutes nord qui est la latitude de Paris, & ie desire sçauoir à quelle heure le soleil se leue & couche le 20 de Feurier, ie regarde alors en quel signe le soleil est ce iour là, & trouue qu'il entre en Aquarius. Ie regarde doncques la paralelle dudit lieu du signe qui coupe l'orison, & la trouue sur 7 heures 35 minutes, qui est l'heure que le soleil se leue, & 4 heures 25 minutes quand il se couche.

PROPOSITION II.

Pour trouuer l'esleuation du Pole.

ET si l'on n'auoit pas cognoissance de l'esleuation du Pole, voicy comme on le pourra trouuer ; Il faut sçauoir l'heure que le Soleil se leue, comme par exemple, ie trouue que le 24 d'Auril lors que le Soleil est au 4 degré du signe de Taurus, le Soleil se leue à cinq heures, il faut doncques voir où la pararelle dudit 4 degré de ♉ coupera la ligne de cinq heures, & au point de la section faut poser l'orison, & regarder sur les degrez de latitude, & là on trouuera ledit orison sur les 48 degrez d'esleuation.

Ou bien prendre l'esleuation du soleil sur l'orison à quelque heure du iour que ce soit, puis prendre la hauteur du Sinus de cét arc, & mettre vn des pieds du compas sur l'heure : Comme par exemple, s'il est cinq heures apres midy, & que ladite hauteur du Sinus est de 20 degrez, alors faut (comme est dit) mettre vn des pieds du compas où ladite heure coupe la paralelle du 4. de Taurus (où le soleil est ce iour là) & tenir l'autre pied perpendiculaire sur la paralelle, puis tourner l'orison iusques à ce que le bord touche la pointe du compas qui est perpendiculaire, & alors le nombre des degrez entre le pole & ladite orison est l'esleuation demandée.

PROPOSITION III.

Trouuer le iour present.

FAVT poser l'orison sur l'esleuation du pole, & sçauoir à quelle heure le soleil se leue ou couche, & conduire la ligne de ladite heure iusques à ce qu'elle coupe l'orison, puis regarder où la paralelle de ladite section coupe la ligne escliptique, & là on verra le degré du signe où le soleil se leue ce iour là, & par consequent l'on sçaura le iour du mois. Comme par exemple, si le soleil se leue à 5. heures & demie du matin, procedant comme dessus, l'on trouuera que ledit soleil est au douziesme d'Aries quand il se leue, & mettant le filet de la sphere superieure sur le 12. degré d'Aries, on trouuera qu'il passe par le 1. d'Auril.

PROPOSITION IIII.

Trouuer l'heure presente.

L'ON prendra la hauteur du soleil sur l'orison, puis mettre l'orison selon l'esleuation du pole, puis prendre auec le compas autant de degrez de l'esquinoxial au zodiaque comme le soleil s'est trouué esleué, & ayant ceste interualle, il faut chercher vn poinct le long de la paralelle, par où le soleil passe le iour mesme, qui soit en tel lieu que la perpendiculaire menée d'iceluy sur l'orison, soit esgalle de l'interualle du compas, & l'heure sur laquelle ce poinct escherra, sera l'heure requise. Comme par exemple, si on est sur le 50. degré de latitude nort, & le 10. d'Aoust que le soleil est au 17. du lyon, l'on demande quelle heure il est, alors que le soleil est esleué 30. degrez sur l'orison. Ie pose doncques l'orison sur les 50. degrez, & remarque la paralelle sur laquelle le soleil chemine ce iour là, puis ie pose le compas (ouuert de 30. degrez) en sorte que la pointe esleuée sur ladite orison perpendiculaire, puisse toucher le degré du signe où est le soleil ce iour là, c'est à dire la paralelle, & l'autre pointe l'orison, & l'on trouue ladite pointe sur 7 heures trois quarts de matin, ou 5 heures $\frac{1}{4}$ d'apres midy. Or pour sçauoir si le soleil a passé le midy, l'on plantera quelque vergette perpendiculaire sur la terre, & mesurer l'ombre qu'elle iette, & dans 2 ou 3 minutes de temps la mesurer derechef, si ladite ombre est plus courte en la deuxiesme operation qu'en la premiere, c'est que le soleil se hausse, sinon, c'est qu'il se baisse, & alors il est apres midy.

PROPOSITION

PROPOSITION V.

Trouuer l'esleuation du soleil par dessus l'orison à quelque heure proposée.

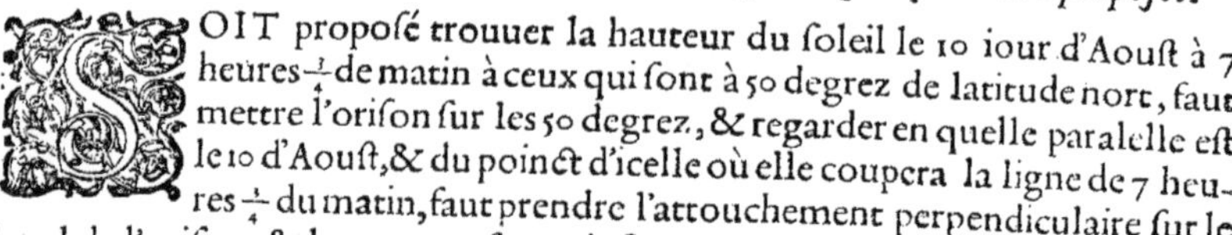

SOIT proposé trouuer la hauteur du soleil le 10 iour d'Aoust à 7 heures ¼ de matin à ceux qui sont à 50 degrez de latitude nort, faut mettre l'orison sur les 50 degrez, & regarder en quelle paralelle est le 10 d'Aoust, & du poinct d'icelle où elle coupera la ligne de 7 heures ¼ du matin, faut prendre l'attouchement perpendiculaire sur le bord de l'orison, & le compas estant ainsi ouuert, faut voir combien il contiendra de degrez de l'esquinoxial ou du Zodiaque, & trouuant qu'il est ouuert de 30. cela demonstre que le soleil est esleué de 30 degrez.

PROPOSITION VI.

Trouuer le crepuscule du matin & du soir.

QVELQV'VN est à 48 degrez de latitude nord, l'on demande combien durera le crepuscule le 10 de May.

Faut mettre l'orison par les 48 degrez de latitude nord, & voir sur quelle paralelle le soleil va ce iour là, puis regarder le nombre d'heures compris sur ladite paralelle entre le poinct où le soleil se leue ou couche (qui est vn mesme) & le point de la ligne de la crepuscule, commun auec icelle paralelle, & trouuant icy vn peu plus de 2 heures ½ cela demonstre que le crepuscule durera autant.

PROPOSITION VII.

Trouuer les latitudes des climats.

SOIT proposé à trouuer le 8. climat, faut regarder que pource qu'ils sont disposés de telle sorte que le plus grand iour de l'vn differe du plus grand iour de l'autre, son prochain de demie heure, & qu'ils commencent à l'equinoxial où le iour est tousiours esgal à la nuict, il faut donques que le 8 climat proposé soit de 16 heures, pource il faut prendre 16 heures en l'vn des tropiques, & faire passer l'orison par le poinct où ils finissent, & le tenant ferme, regarder le nombre de degrez entre le bord & le pole, & y trouuant 49 il s'e[n] suit que le 8 climat commence par les 49 degrez de latitude.

PROPOSITION VIII.

Trouuer les climats des lieux proposés.

SOIT proposé à trouuer en quel climat sont ceux qui sont par les 49 degrez de latitudes, faut mettre l'orizon par les 49 degrez, & regarder combien contiendra d'heures le iour du tropique d'esté, ie trouue icy de 16 heures, desquelles il faut oster 12 reste pour 4. lesquelles il faut doubler, font 8 heures, ce qui demonstre que les 49 degrez de latitude sont en la fin du 8. climat, & commencement du 9.

PROPOSITION IX.

Trouuer les 4. parties du monde.

FAVT trouuer l'heure presente par la 4. Proposition, que s'il est midy l'ombre que le soleil fait sera la ligne du Septentrion au midy, & s'il est 6. heures de matin l'ombre sera d'Orient en Occident, ou au contraire: mais s'il est quelque autre heure, comme quatre, faut regarder que le soleil a passé le midy de 4. fois 15. degrez, sçauoir, de 60. (pource qu'il fait 15. degrez pour heure) & ainsi on adioustera 60. degrez à la ligne de l'ombre que le soleil fait pour lors, & par ce moyen on trouuera la ligne du midy au Septentrion.

PROPOSITION X.

Trouuer la duree du iour artificiel, & de la nuict.

FAVT sçauoir l'heure du leuer & coucher du soleil, & regarder combien il y a d'heures de l'vne à l'autre, comptant iusques à midy, & recommencer à vne heure, & le nombre d'heures trouuees seront le nombre des heures du iour, lesquelles estans soubstraites de 24. heures, restera celles de la nuict.

COROLAIRE.

D'ICY nous recueillons comme nous cognoistrons la duree de l'heure inesgale, & sa difference auec l'heure esgale, comme par exemple, soit proposé trouuer combien contient l'heure inesgale quand le iour artificiel est de 16. heures, faut diuiser 16. par 12. vient $1.\frac{1}{3}$ ainsi les heures inesgales contiendront chacune vne heure vingt minutes quand le iour est de 16. heures.

PROPOSITION XI.

L'heure esgale donnee trouuer l'inesgale.

LE 22. d'Aoust à 10. heures de matin, sçauoir quelle heure inesgale il estoit à ceux qui sont à 50. degrez de latitude.

Faut sçauoir à quelle heure se leue & couche le soleil, & combien le iour artificiel contient d'heures par la 1. & 10. Proposition, & se trouue qu'il se leue à 5. heures & couche à 7. & le iour artificiel contient 14. heures: Et pource que l'heure proposee est 10. heures de matin, il s'ensuit qu'il y aura 5. heures que le soleil sera leué: ainsi il faut dire par vne regle de trois, si 14. heures donnent 5. heures, combien donneront 12. heures, il vient pour l'heure inesgale $4.\frac{2}{7}$ par mesme moyen on iugera les heures de la nuict par les heures d'apres son coucher.

PROPOSITION

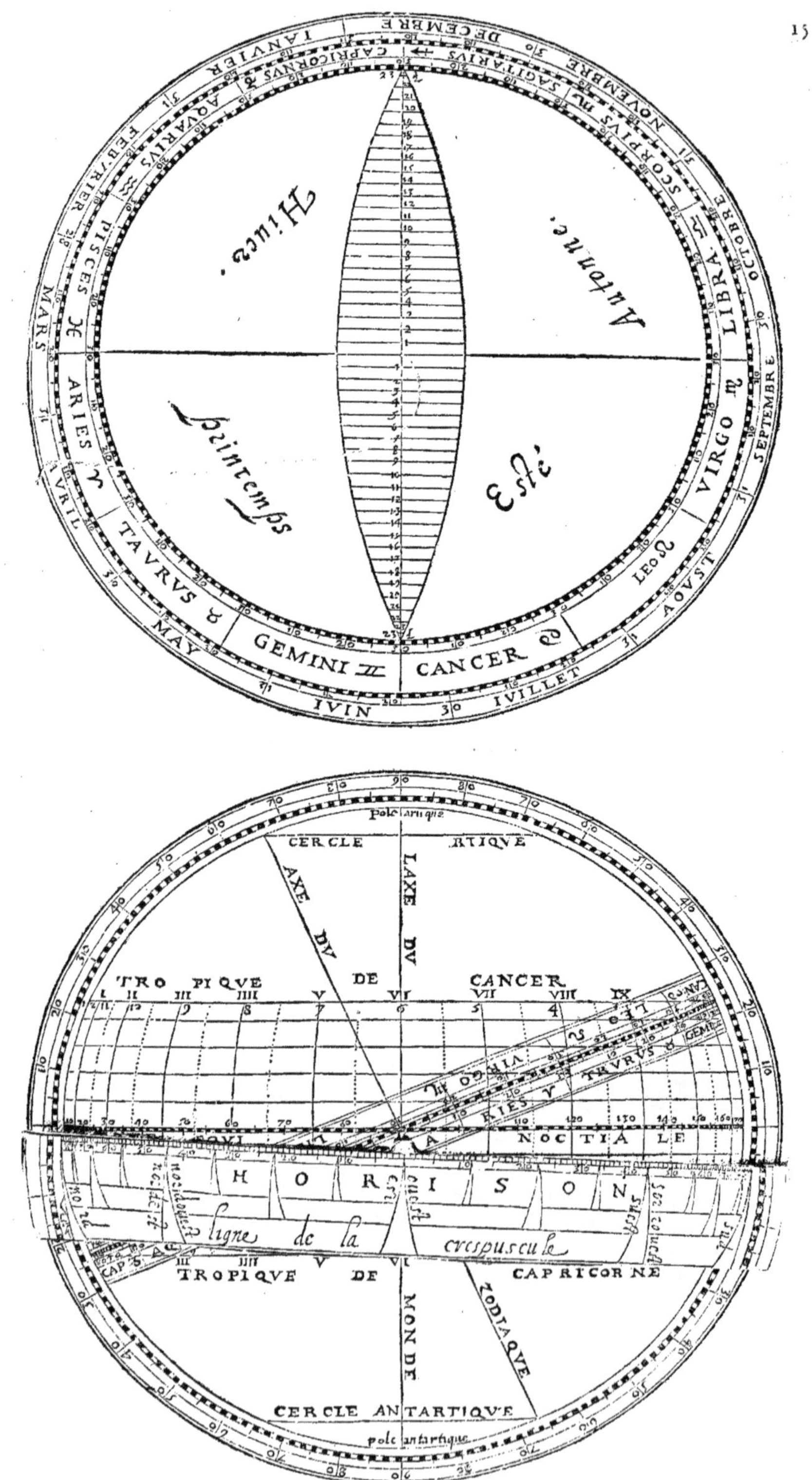
DECEMBRE
IANVIER
FEBVRIER
MARS
AVRIL
MAY
IVIN
IVILLET
AOVST
SEPTEMBRE
OCTOBRE
NOVEMBRE
CAPRICORNVS
SAGITARIVS
SCORPIVS
LIBRA
VIRGO
LEO
CANCER
GEMINI
TAVRVS
ARIES
PISCES
AQVARIVS
Hiuer.
Autonne.
Printemps
Esté
pole artique
CERCLE ARTIQVE
AXE DV
LAXE DV
TROPIQVE DE CANCER
NOCTIALE
HORISON
ligne de la crespuscule
TROPIQVE DE CAPRICORNE
MONDE
ZODIAQVE
CERCLE ANTARTIQVE
pole antartique

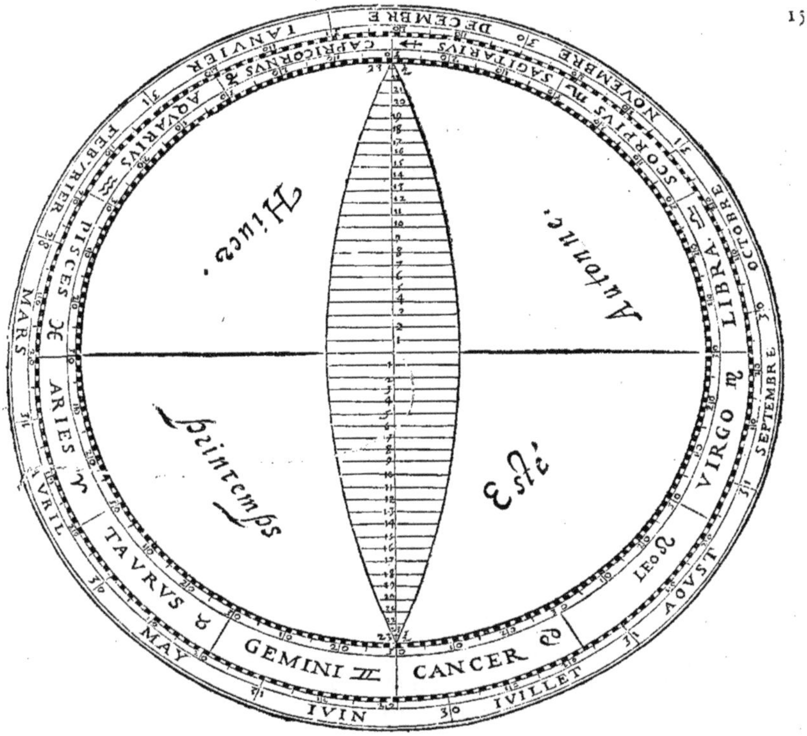

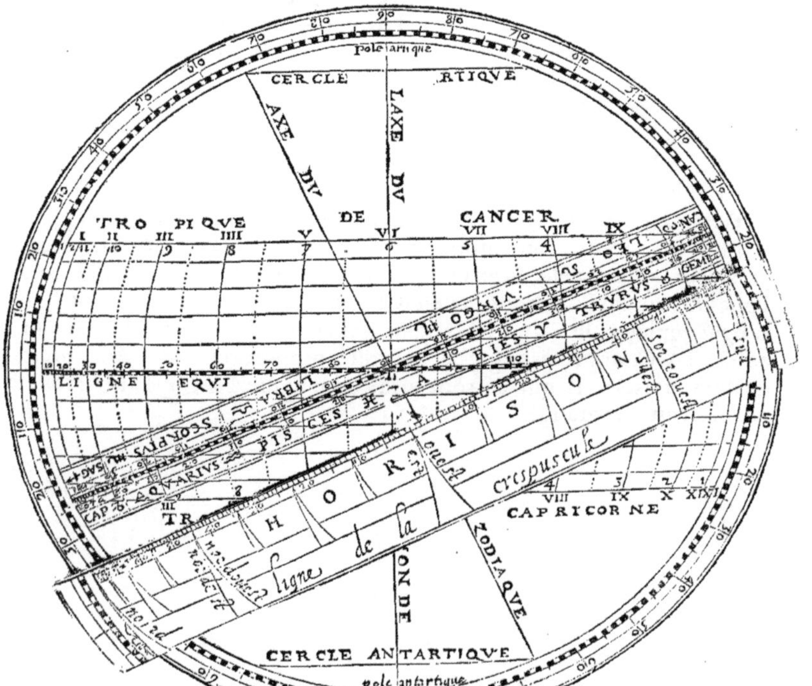

PROSITION XII.

L'heure inesgale estant donnee trouuer l'esgale.

'HEVRE inesgale proposee soit 4.$\frac{2}{7}$ on demande l'heure esgale. Faut sçauoir à quelles heures le soleil se leue & couche le mesme iour, & combien le iour artificiel contient d'heures, il se trouue par la 1. & 10. qu'il se leue à 5. heures, & se couche à 7. & le iour contient 14. heures. Faut donques dire par la regle de trois, si 12. donnent 4.$\frac{2}{7}$ combien 14. vient 10. qui sera l'heure esgale requise.

Fin de l'vsage de la Sphere plate.

PROPOSITION I.

Gnomon est mot Grec qui signifie le monstrant.

A toutes les horloges solaires c'est l'axe du monde qui monstre l'heure par son ombre, ou c'est par l'ombre de la pointe d'vn Gnomon, ou esguille dressee sur quelque plan, laquelle pointe represente la terre.

N la premiere Definition a esté demonstré que la grandeur de la terre est insensible au respect du firmament, & en ceste Proposition il faut monstrer comme les plans des horloges reçoiuent leurs ombres de l'axe du monde ou de la pointe d'vn Gnomon opposees au soleil. Soit donques imaginé la circonference dudit soleil de la grandeur ABCD. au respect de la terre au poinct E. soit designé contre ladite circonference les deux tropiques, & la ligne equinoxiale tournant à l'entour de l'axe du monde B D. lequel sera posé sur 48. degrez 40. minutes d'esleuation, sçauoir du poinct C. de l'orizon au poinct B. qui est le pole, soit aussi fait la ligne orizontale A B. & apres la construction de toutes ces lignes, soit imaginé le soleil au poinct F. du tropique de Cancer: Il est certain que si l'on tire vne ligne dudit soleil sur la terre E. (representant les rayons du soleil sur icelle) que l'ombre de ladite terre ira donner contre le firmament, ou sur la mesme circonference du soleil au poinct G. iustement opposé à F. Or d'autant que la terre est tres-grande au respect de nous, & que nous ne pouuons pas faire vn plan hors icelle pour y receuoir son ombre, voicy comme nous ferons; Soit ladite terre representee, comme a esté dit au poinct E. & soit fait le demy cercle HIL. soubs la ligne Orizontale. Soit encores fait les deux tropiques sur les sections M. & N. & la ligne equinoxiale EO. il est certain que la figure PEQNOM est semblable à RESTVG. ayant les angles & les costés proportionnaux. Ainsi toutes les ombres de la terre E. qui se feront en la petite figure PEQNOM seront proportionnaux à la grande.

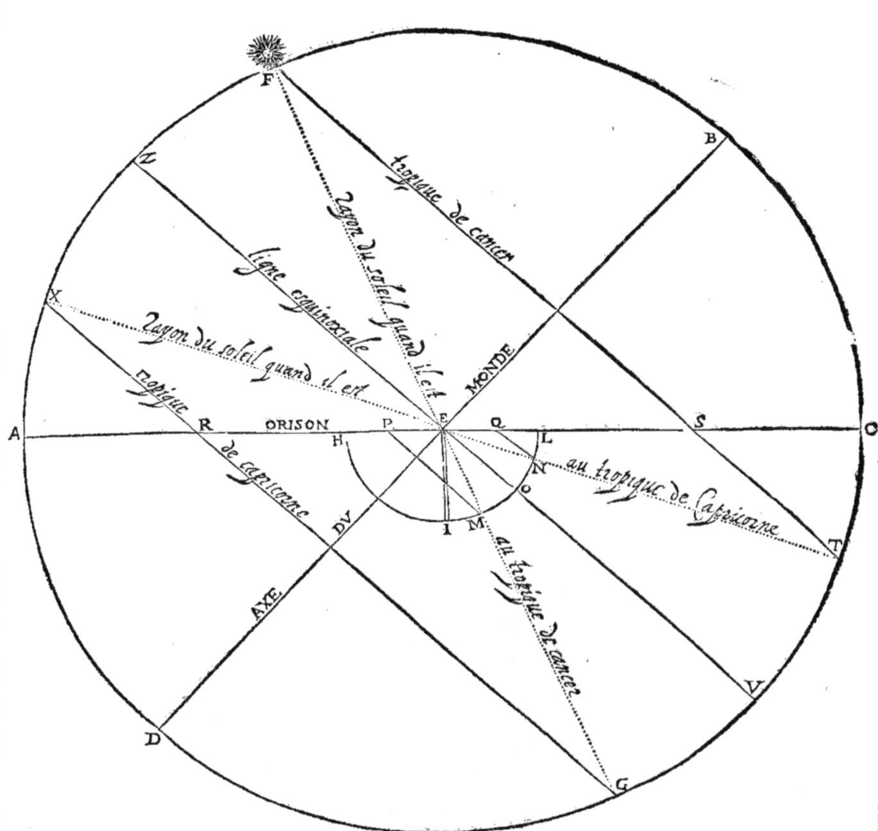

ET pour ne rien laisser à faire entendre ceste proposition, qui est de fort grande consequence pour la cognoissance de la science des horloges, voire mesmes du cours du Soleil, i'ay dressé la suiuante figure en forme d'vn demy globe concaue, dont le plan ortographique soit A, B, C, comme la precedente H, P, E, Q, L, N, O, M, I. Et à celle icy soit fait tous les signes du Zodiaque, qui seront diuisées encores chacune en trois dixaines, apres soit fait l'axe du monde en pareille esleuation comme la precedente passant par le centre du monde au poinct ♎♈ apres la diuision des heures sur le zodiaque, se fera en cette façon. Soit diuisé le quart de la circonference depuis l'extremité de la ligne esquinoxiale 12 iusques à l'extremité de l'axe du monde 6. en 6. esgales parties aux poincts 7. 8. 9. 10. 11. 12. puis prendre toutes lesdites parties chacun en particulier perpendiculaires sur l'axe du monde, &

ainſi les rapporter ſur la ligne eſquinoxiale, & apres tirer les lignes deſdites heures iuſques aux tropiques, en ſorte qu'elles ſoient tirées pour aller ſe rencontrer toutes au poinct du pole 6, apres ſoit fait le plan ignographique D, E, F, où il faut faire la rencontre de toutes les lignes, tant du zodiaque comme des heures par les regles des plans, comme a eſté monſtré cy-deuant : & ſur ces deux plans l'on fera la perſpectiue, qui eſt la figure de bas, où l'on void le poinct du milieu de la Sphere A, repreſenter la terre, qui par ſon ombre donne l'indice de l'heure & du iour qu'il eſt ſur le zodiaque deſigné dedans ladite ſphere. Quant à l'axe du monde, il eſt ſeulement propre à demonſtrer les heures au long des lignes qui trauerſent le zodiaque, mais il ne peut donner l'indice du iour.

Et pour monſtrer comme l'ombre de la terre A, chemine dans ce demy globe concaue (tout ainſi comme le Soleil chemine au Ciel dans ſon zodiaque) i'ay dreſſé encore la ſuiuante figure L, M, N, O, en laquelle le zodiaque ſe void d'vne autre façon de perſpectiue, afin qu'on puiſſe bien entendre l'effect de ceſte propoſition.

plan ortographique

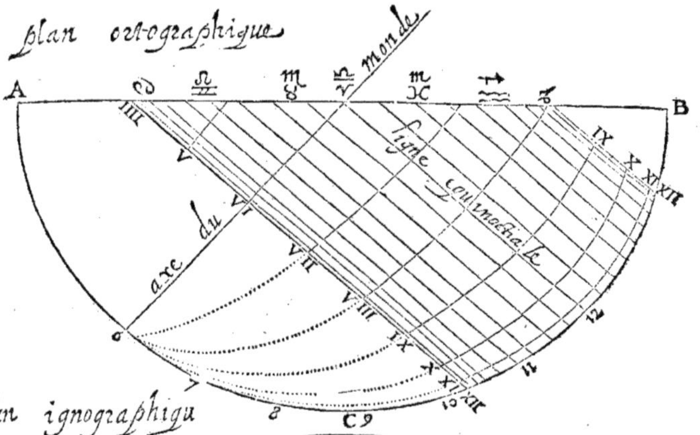

A B

axe du monde

ligne equinoctiale

IIII V VI VII VIII IX X XI XII

IX X XI XII

7 8 C 9 10 11 12

plan ignographiqu

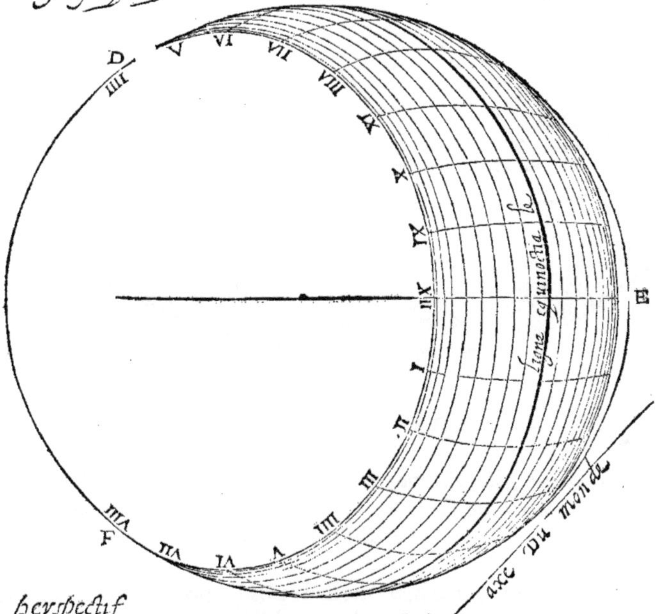

D E F

IIII V VI VII VIII IX X XI XII I II III IIII V VI VII

ligne equinoctiale

axe du monde

plan perspectif

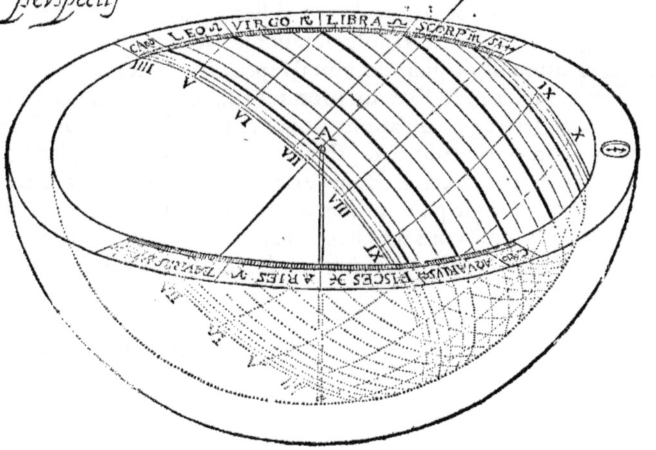

LEO VIRGO LIBRA SCORP SAG

IIII V VI VII VIII IX X XI

A

TAURUS ARIES PISCES AQUARIUS

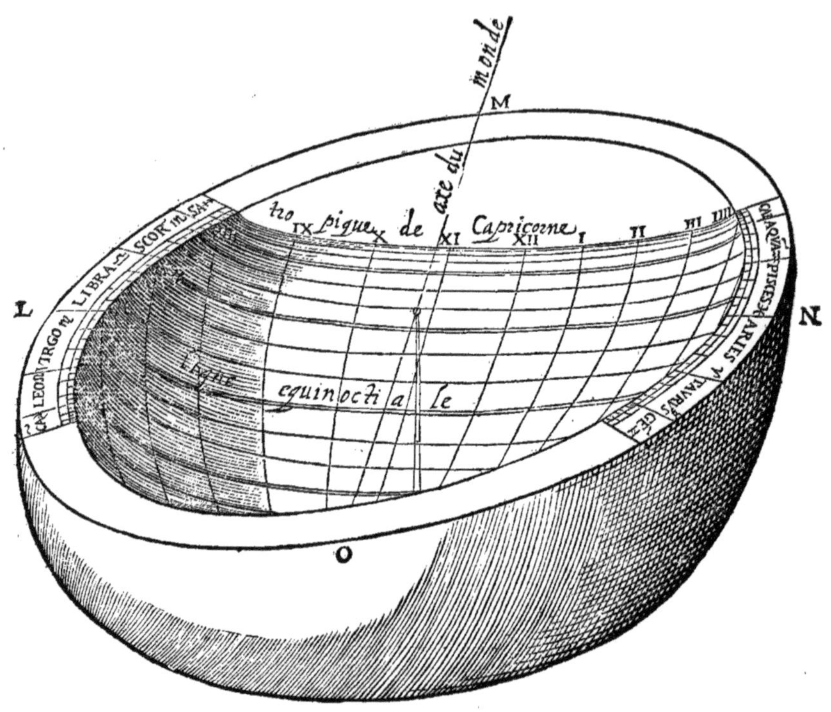

PROPOSITION II.

Deſſoubs les deux poles du monde l'on ne peut faire aucunes horloges verticales par le moyen de l'axe du monde, ſi ce n'eſt que ladite axe ſoit paralelle à la muraille.

EN tout autre lieu que deſſoubs les poles, l'axe du monde eſt fiché par vn bout contre la muraille ou plan aux horloges verticales, mais ſoubs leſdits poles il faut que ladite axe ſoit eſquidiſtante de la muraille ou plan, comme il ſe peut voir en cét exemple, ſoit l'ortographie A, & l'axe du monde D, E, paralelle au plan vertical, il eſt certain ſuiuant les regles qu'auons données cy-deſſus, que le ſoleil tourne touſiours à l'entour de ladite axe, ſoit doncques fait l'autre plan ignographique B, où ſera deſcrit vn cercle, dont le demy diametre ſoit eſgal à E, F, qui eſt l'eſlongnement depuis le plan iuſques à l'axe du monde, ſoit apres tirées les lignes des heures comme vous les voyez, il eſt certain que le Soleil tournant oriſontalement à l'entour de l'axe du monde, les lignes des heures ſeront paralelles contre le plan.

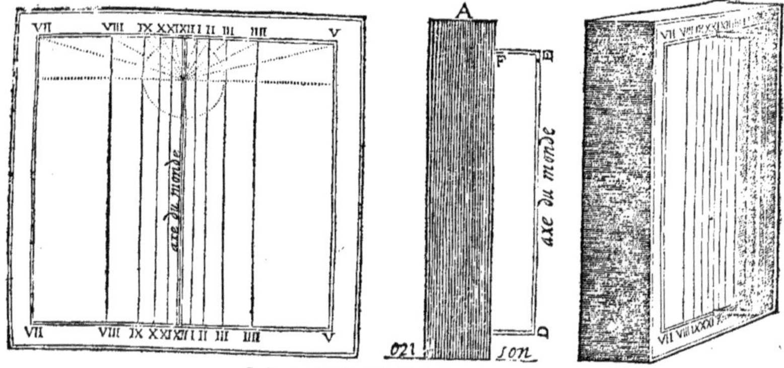

PROPOSITION III.

Dessous la ligne esquinoxiale l'axe du monde aux horloges orisontales est esleué paralelle au plan de ladite horloge.

TOVT ainsi comme aux horloges verticales qui sont directement sous les poles, l'ombre de l'axe du monde est paralelle au plan desdites horloges : ainsi l'ombre de ladite axe du monde aux horloges orisontales qui seroient faites pour seruir sous ladite ligne est aussi paralelle, & les plans en seront faits tous semblables : & au lieu que celuy de l'ortografie de la precedente A. est vertical ou perpendiculaire sur l'orison, cestuy-cy sera orisontal : ie croy que l'vn & l'autre seront faciles à entendre par les figures.

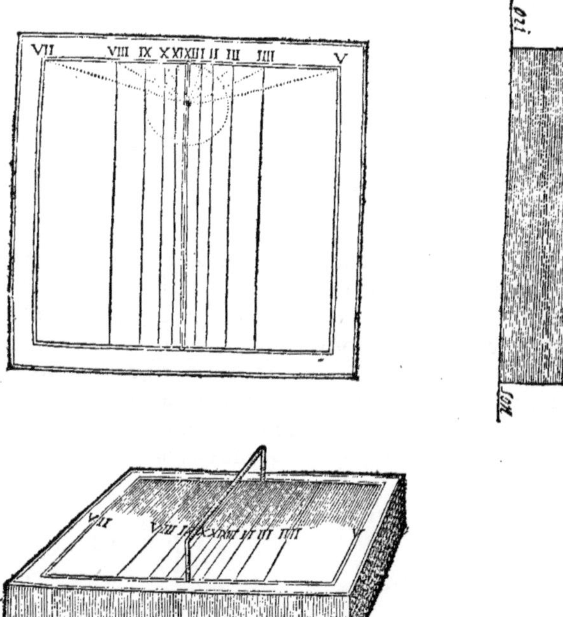

PROPOSITION IIII.

Quand le soleil entre aux signes d'Aries & de Libra, alors il se monstre 12. heures dessus l'orison, & est autant dessous par toute la terre, excepté directement sous les poles du monde.

D'AVTANT que la terre n'a aucune grandeur sensible au respect du firmament, comme a esté demonstré en la premiere Definition, & aussi par la pratique de la Sphere il se void que le plan esquinoxial coupe à droits angles l'axe du monde, & en la section est la terre : ainsi le soleil estant sur ladite ligne (ce qui arriue deux fois l'année, alors qu'il entre aux signes d'Aries & Libra) fait que le iour est esgal à la nuict par toute la terre, horsmis sous les poles. La demonstration de cecy se fera en la consideration de ces six figures representantes l'esleuation du pole en six diuerses façons. La premiere monstre comme quand on est directement sous l'esquateur ou ligne esquinoxiale, laquelle est representée en ceste premiere figure par M. P. N. & le centre P. pour la terre, & A. P. B. pour l'orison, & la mesme pour l'axe du monde. Soit donques imaginé le soleil au premier d'Aries se leuer vis-à-vis de P. estant au poinct M. il aura fait vn quart de sa circonference, & passant outre se leuant coucher vis-à-vis de P. alors il aura fait la moitié, & autant de temps qu'il demeurera sous l'orison fera que les iours seront esgaux aux nuicts. Apres soit imaginé les poles aux poincts N O. & que O. soit esleué de dix degrez du poinct D. qui est l'orison, alors l'esquateur ou ligne esquinoxiale sera 80 degrez de hauteur, & sera icy representée auec vn demy cercle de carton qui se leuera perpendiculaire sur le plan du papier, alors on verra le poinct

Directement sous les poles il n'y a qu'vn iour & vne nuict en toute l'année.

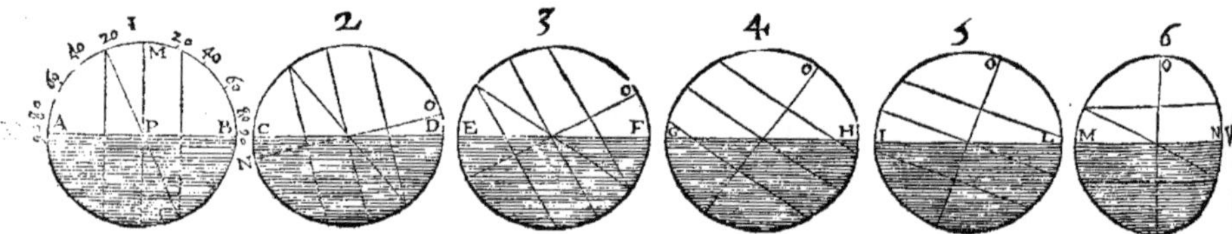

P. qui est le leuer du soleil quand il est au commencement d'Aries (quoy qu'il aille vn peu oblique) faire sa demie circonference sur l'orison, & autant dessous. Tout le mesme se peut-on imaginer aux autres figures 3. 4. 5. 6. qui sont celles 3 marquées sur 30. degrez d'esleuation du pole. 4. de 50 degrez. 5. de 70. & 6. de 90. qui est directement sous le pole, où l'on peut voir que l'orison est iustement sur l'esquateur, qui est cause que le soleil n'a autre obliquité que son cours d'occident en orient, & par ce moyen quand on commence à le voir sur l'orison, il y demeure six mois, & autant dessous, quand on commence à le perdre.

PROPOSITION V.

Quand le ſoleil eſt entré au ſigne d'Aries, il monſtre ſa lumiere aux horloges equinoxiales par le deſſus iuſques à ce qu'il ſoit entré au ſigne de Libra, où alors il monſtre ſa lumiere par le deſſous.

CESTE Propoſition ſe demonſtrera par la figure ſuiuante. Soit fait vn cercle ſur vne piece de carton quarré, lequel cercle ſera diuiſé en 24. parties eſgales, & ſoit iceluy carton collé par vn des coſtez ſur le papier, en ſorte qu'il puiſſe ſe hauſſer & baiſſer: ſoit apres fait vn triangle de carton ſuiuant l'eſleuation qu'on veut auoir ladite horloge, & donnerons à ceſtuy-cy 48 degrez 40 minutes du pole, qui ſont 42 degrez 20 minutes de l'eſquinoxial: lequel pole & eſquinoxial ſe croiſſent touſiours à droits angles, comme a eſté monſtré cy deuant, & ſoit fait en ſorte que la ligne eſquinoxiale dudit triangle ſoit eſgale au demy diametre du cercle de carton. Soit apres enclaué ledit triangle dans vne fente qui ſera faite au cercle de carton, en ſorte que ledit cercle ſe puiſſe hauſſer ſur la ligne eſquinoxiale du triangle, alors eſleuant ledit cercle de carton à l'eſleuation de la ligne eſquinoxiale dudit triangle qui ſera enclaué dedans, & diſpoſant ladite horloge ſuiuant les quatre parties du monde par le moyen de la bourſole, alors vous verrez que le cercle eſquinoxial ſera paralelle au cours du ſoleil depuis ſon leuer iuſques à ſon coucher, & que le ſoleil entrant en Aries ſe monſtrera iuſques en Libra ſur la face ſuperieure, & depuis Libra iuſques en Aries en l'inferieure.

En la 5. Definition.

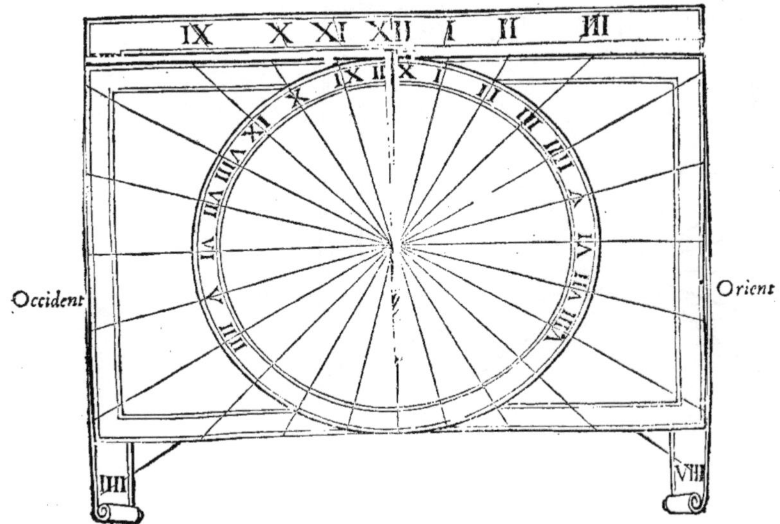

PROPOSITION V.

Quand le ſoleil eſt entré au ſigne d'Aries, il monſtre ſa lumiere aux horloges equinoxiales par le deſſus iuſques à ce qu'il ſoit entré au ſigne de Libra, où alors il monſtre ſa lumiere par le deſſous.

CESTE Propoſition ſe demonſtrera par la figure ſuiuante. Soit fait vn cercle ſur vne piece de carton quarré, lequel cercle ſera diuiſé en 24. parties eſgales, & ſoit iceluy carton collé par vn des coſtez ſur le papier, en ſorte qu'il puiſſe ſe hauſſer & baiſſer: ſoit apres fait vn triangle de carton ſuiuant l'eſleuation qu'on veut auoir ladite horloge, & donnerons à ceſtuy-cy 48 degrez 40 minutes du pole, qui ſont 42 degrez 20 minutes de l'eſquinoxial: lequel pole & eſquinoxial ſe croiſſent touſiours à droits angles, comme a eſté monſtré cy deuant, & ſoit fait en ſorte que la ligne eſquinoxiale dudit triangle ſoit eſgale au demy diametre du cercle de carton. Soit apres enclaué ledit triangle dans vne fente qui ſera faite au cercle de carton, en ſorte que ledit cercle ſe puiſſe hauſſer ſur la ligne eſquinoxiale du triangle, alors eſleuant ledit cercle de carton à l'eſleuation de la ligne eſquinoxiale dudit triangle qui ſera enclaué dedans, & diſpoſant ladite horloge ſuiuant les quatre parties du monde par le moyen de la bourſole, alors vous verrez que le cercle eſquinoxial ſera paralelle au cours du ſoleil depuis ſon leuer iuſques à ſon coucher, & que le ſoleil entrant en Aries ſe monſtrera iuſques en Libra ſur la face ſuperieure, & depuis Libra iuſques en Aries en l'inferieure.

En la 5. Deſinition.

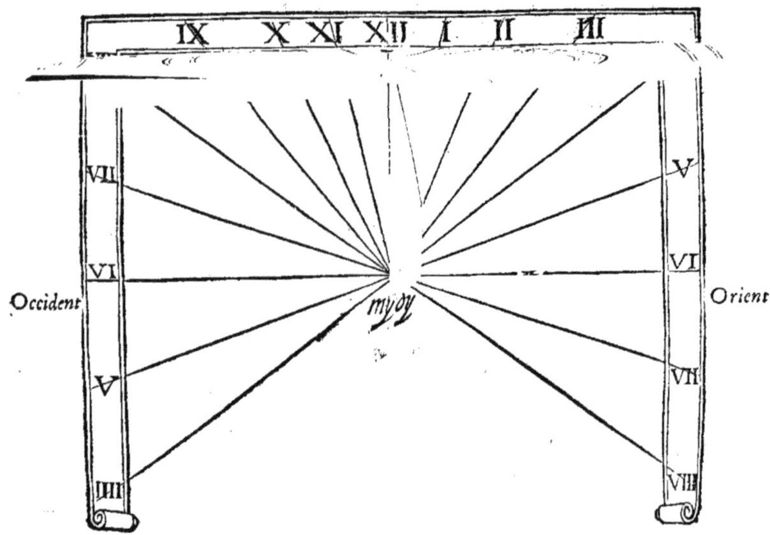

PROPOSITION V.

Quand le soleil est entré au signe d'Aries, il monstre sa lumiere aux horloges equinoxiales par le dessus iusques à ce qu'il soit entré au signe de Libra, où alors il monstre sa lumiere par le dessous.

CESTE Proposition se demonstrera par la figure suiuante. Soit fait vn cercle sur vne piece de carton quarré, lequel cercle sera diuisé en 24. parties esgales, & soit iceluy carton collé par vn des costez sur le papier, en sorte qu'il puisse se hausser & baisser: soit apres fait vn triangle de carton suiuant l'esleuation qu'on veut auoir ladite horloge, & donnerons à cestuy-cy 48 degrez 40 minutes du pole, qui sont 42 degrez 20 minutes de l'esquinoxial: lequel pole & esquinoxial se croissent tousiours à droits angles, comme a esté monstré cy deuant, & soit fait en sorte que la ligne esquinoxiale dudit [...] esgale au

En la 5. Definition.

dem[...] dans vne
fent[...] se hausser
sur l[...] on à l'esle-
uatio[...] & dispo-
sant l[...] e la bour-
sole, [...] s du soleil
depui[...] es se mon-
strera [...] n Aries en
l'infer[...]

Occident

mydy

Orient

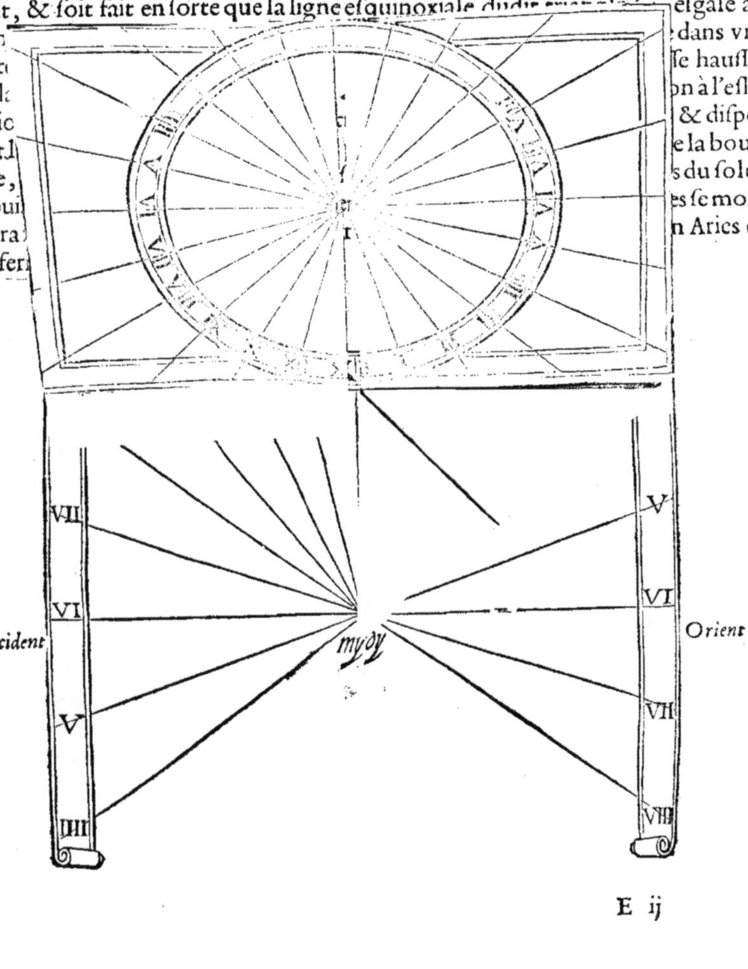

PROPOSITION VI.

Pour faire vne horloge orisontale sur la precedente esleuation.

E triangle de carton susdit estant dressé pourra seruir pour l'horloge orisontale qui sera faite en ceste façon. Soient tirées de l'horloge inferieure esquinoxiale des lignes des heures iusques sur le plan de l'orison, & aux poincts où elles toucheront ledit orison seront tirées des lignes de l'angle du triangle de carton qui regarde le midy iusques ausdits poincts: quant à la ligne de 6 heures, tant deuant qu'apres midy, elle coupe tousiours la meridienne à angles droits en quelque façon d'horloge que ce soit, pourueu que les heures soient esgales: quant aux autres heures deuant 6 heures de matin & apres 6 heures de soir, elles se mesureront sur les autres; sçauoir pour celles du matin on prendra la distance qu'il y a entre 6 & 7, & on la mettra entre 6 & 5, puis on prendra entre 7 & 8, & on la mettra entre 5 & 4: & pour celles du soir, elles se prendront tout semblablement; celle d'entre 5 & 6 se mettra entre 6 & 7, & celle d'entre 4 & 5 se mettra entre 7 & 8. Voila la construction des horloges orisontales simples. Mais on pourroit icy demander s'il est besoin de faire tousiours vne horloge esguinoxiale sur du carton, pour apres sur icelle faire l'orisontale: A cela ie responds que non, car i'en donneray icy vne exemple comme il faut proceder à la construction desdites horloges orisontales sans faire que l'esquateur se hausse ou baisse, mais ce que i'en ay fait seruira pour la demonstration de la suiuante. Soit fait vn demy cercle O. P. B. de la grandeur qu'on voudra (i'ay fait cestuy-cy pareil au carton precedent, afin d'en rapporter la demonstration de l'vn à l'autre:) soit iceluy diuisé en 12 parties esgales, & soit fait vn quart de cercle C.A.B. sur le mesme ou semblable centre F. & semblable diametre, lequel sera diuisé en 90 parties, pour afin d'auoir l'esleuation du pole du lieu où l'on veut faire l'horloge. Soit doncques pris ceste esleuation de 48 degrez 40 minutes au poinct A. & sera tirée la ligne F.A.I. qui represente l'axe du monde, apres du poinct où ladite ligne touche les 48 degrez 40 minutes, faut tirer vne ligne D. E. qui trauersera l'axe du monde à droits angles, & icelle representera le plan de l'esquinoxial: soit apres esleué F. C. iusques au poinct D. & soit prise la longueur F. D. qui sera rapportée sur l'horloge qu'on veut faire aux poincts P. L. apres soit tirée la ligne Q. R. qui coupera F.L. à droits angles au poinct P. soit prolongé les lignes des heures du plan de l'esquinoxial sur ladite ligne Q. R. & soient du poinct L. tirées les lignes des heures pour se rencontrer sur celles de la ligne Q. R. apres l'on fera le triangle ou Gnomon pour poser sur la ligne meridienne en ceste façon. Soit fait F. G. esgale à F. D. & soit dressé la perpendiculaire G. I. en sorte que F. A. estant prolongé puisse attoucher le poinct I. doncques le triangle F. I. G. sera la forme & grandeur du Gnomon qui sera planté, sçauoir le poinct F, sur L. & G. sur P. & I. perpendiculaire sur l'orison: Apres si l'on tire la ligne G.H. elle representera le porfile du plan esquinoxial semblable à celuy de carton de la precedente,

& F.P.

& F. P. represente le front dudit plan, lequel estant bien consideré, l'on trouuera que les raisons de celuy-cy se rapportent à l'autre.

HORLOGE ORISONTALE sur les 48 degrez 40 minutes d'esleuation.

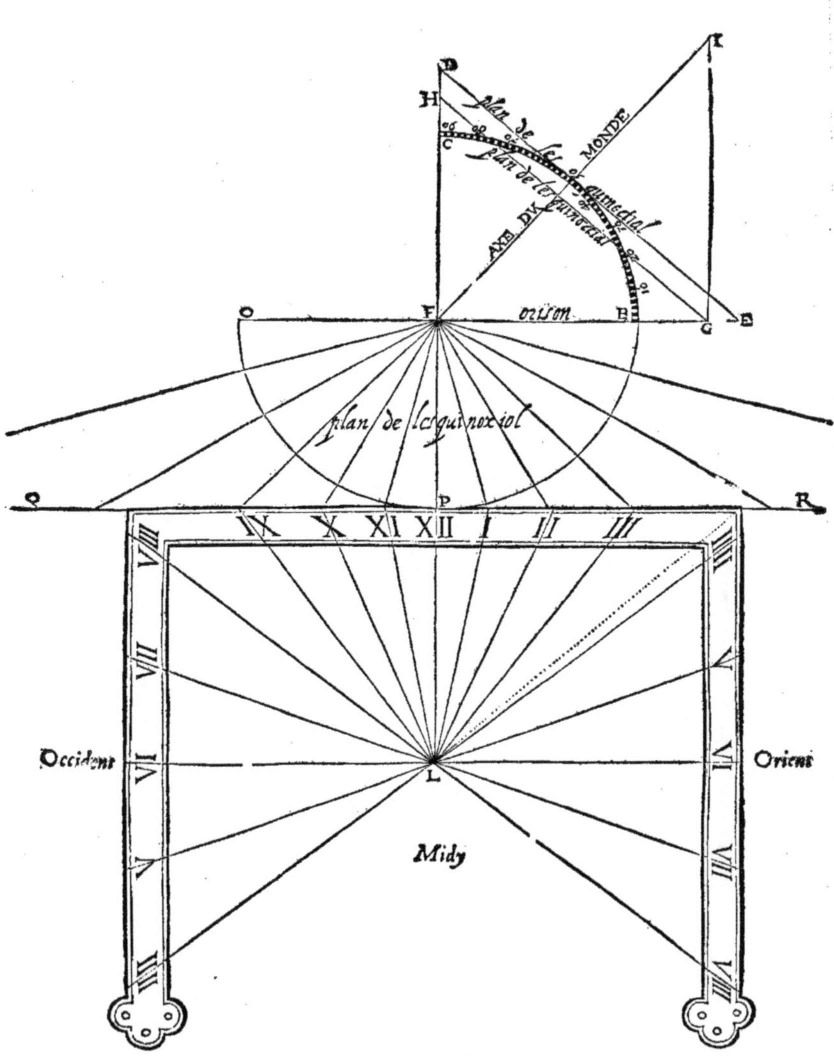

PROPOSITION VII.

Pour faire vne horloge verticale sur les 48 degrez 40 minutes d'esleuation du pole.

POVR faire les horloges verticales, on les fera par le mesme moyen que l'orisontale, sinon l'on prendra la hauteur du triangle G.I. de la precedente & le mettre en la ligne meridienne P.N. puis du poinct N. l'on tirera toutes les lignes des heures comme en la precedente : & faut noter qu'aux horloges verticales l'on ne peut voir en esté plus de douze heures, sçauoir depuis 6 heures de matin iusques à 6 heures de soir. La raison est, d'autant que la muraille ou plan de l'horloge estant disposé la face vers le midy & les costez, l'vn vers l'orient, & l'autre vers occident, le soleil ne pourra iamais esclairer sur ladite face qu'il ne soit au deça de l'orient. Comme par exemple, soit la representation du firmament en son Ignographie A. B. C. D. & soit aussi l'Ignographie de l'horloge au poinct F. il est certain que si le soleil se leue quand il est au tropique de Cancer au poinct B. montant obliquement sur nostre orison, & tirant vers le midy ne pourra monstrer sa lumiere à la face de l'horloge F. qu'il ne soit passé au deça de la ligne esquinoxiale, & alors il la monstrera iusques à ce qu'il soit repassé au delà de ladite ligne : Ainsi si l'on veut que le soleil monstre l'heure incontinent qu'il se leue aux horloges verticales, il faut qu'elle

HORLOGE VERTICALE sur les 48 degrez 40 minutes d'esleuation.

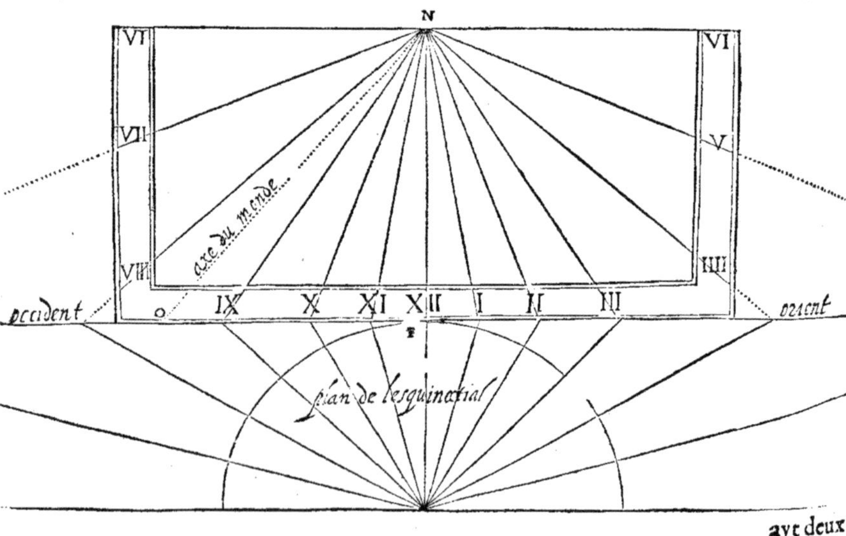

ayt deux faces; sçauoir vne qui regarde le midy, qui est celle-cy, & vne autre qui regarde le septentrion qui sera faite comme s'ensuit. Soit le triangle N. O. P. de la susdite horloge pris bien au iuste, & soit iceluy rapporté à celle icy aux poincts M. R. S. en sorte que le poinct P. de la precedente soit icy sur M. & N. sur S. ainsi O. sera esleué perpendiculaire sur M. Ainsi l'axe du monde sera en ceste horloge paralelle à la precedente, quoy que les triangles de ladite axe du monde ne soient situez l'vn comme l'autre: & pour en monstrer vne figure intelligible en perspectiue, soit A. B. le plan de l'horloge esleué verticalement sur l'orison C. D. le costé où le triangle de l'axe du monde est marqué N. O. P. sera celuy qui regarde le midy, & celuy marqué M.R.S. celuy qui regarde le nord. Quant à la mesure des heures, la ligne N. Q. où tombe le poinct du triangle de l'axe du monde, est la ligne de 6 heures: Apres soit pris la distance en la precedente depuis 6 heures iusques à 7 de soir, laquelle sera appliquée icy, & pareillement de 5 iusques à 6 de matin: Apres soit pris de 7 iusques à 8 de soir, comme aussi de 5 iusques à 4 de matin, qui seront encores appliquées icy; & ainsi l'on aura les heures du matin & du soir sur ladite horloge verticale, quand le soleil est passé outre l'esquinoxe du printemps, iusques à ce qu'il arriue à l'esquinoxe d'autonne.

HORLOGE VERTICALE qui regarde vers le septentrion.

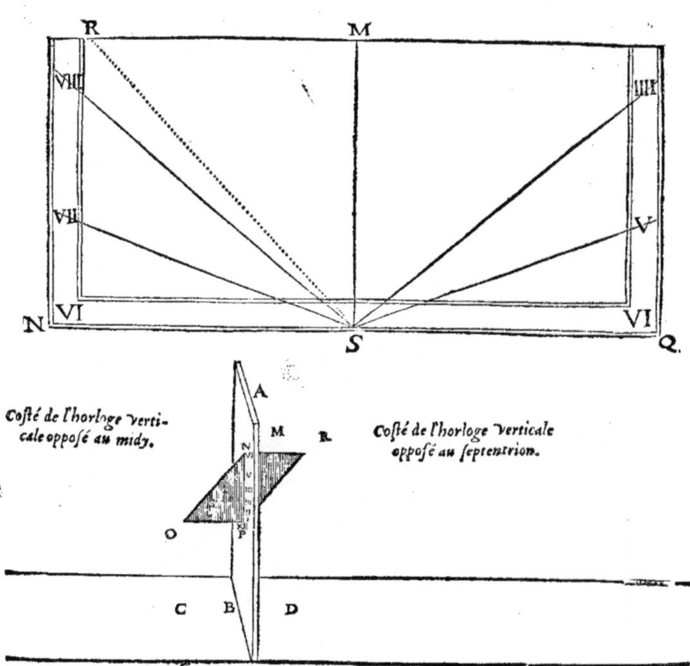

PROPOSITION VIII.

Pour faire vne horloge meridienne orientale.

AVSDITES horloges meridiennes l'axe du monde est paralelle à toutes les deux faces tant d'orient que d'occident, & pour la construction d'icelles voicy comme l'on y procedera. Soit tirée vne ligne representante l'axe du monde C.D. sur l'esleuation encores de 48 degrez 40 minutes: Apres soit le plan de l'esquateur en la ligne A.B. tousiours à droits angles auec l'axe du monde, & à la section E. soit fait le cercle oculte representant l'esquateur, lequel sera diuisé en 24 parties esgales comme aux precedentes: Apres soient tirées les deux lignes paralelles à l'esquateur F.C.G. & H.D.I. & qu'icelles n'excedent point en distance l'vne de l'autre le diametre du cercle de l'esquateur: Apres soient tirées les lignes ocultes du centre E. aux heures esgales de la circonference du cercle esquateur en sorte qu'elles soient prolongées iusques sur lesdites lignes F.C.G. & H.D.I. & où elles se toucheront faut tirer des lignes paralelles à l'axe du monde, ainsi l'on aura les lignes des heures sur le plan oriental de l'horloge meridienne comme on les void marquées. Et quant à la ligne de 12 heures qui n'est icy marquée, il faut noter que l'ombre de l'axe du monde ne la peut aussi monstrer sur le plan: la raison est, que ladite ombre est paralelle au plan de l'horloge, & par ainsi n'y peut estre descrite. Quant au

HORLOGE VERTICALE MERIDIENNE orientale, à 48 degrez 40 minutes d'esleuation du pole.

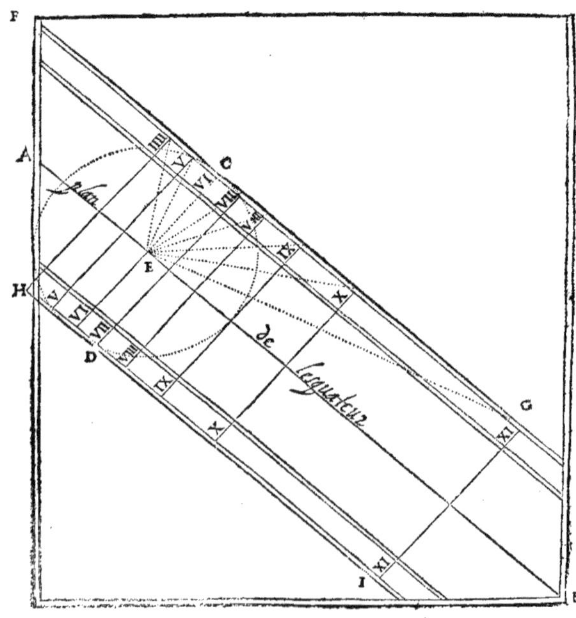

Gnomon

Gnomon ou axe du monde qui feruira à monftrer lefdites ombres, fa grandeur fera iuftement vne ligne efleuée paralelle à D.C. & pareille diftance comme la moitié du diamettre du cercle efquateur & bien à droits angles deffus.

Or d'autant que ie fçay qu'il y a vne tres-grande difficulté à entendre les raifons des ombres à toutes fortes d'horloges à ceux qui n'en ont pas bien la pratique, c'eft pourquoy i'en donneray des figures qui fe pourront facilement entendre par le moyen de l'efleuation du cercle de l'efquateur, & auffi de l'axe du monde, qui font deffeignez fur le carton qui fe leue fur la figure fuiuante. Soit fait vn cercle N.O.P.Q. qui reprefentera le plan de l'efquinoxial ou efquateur lequel fe leuera à droits angles fur le plan de l'horloge en forte que ledit plan de l'horloge eftant efleué droit & regardant la partie d'orient, faut que ledit plan de

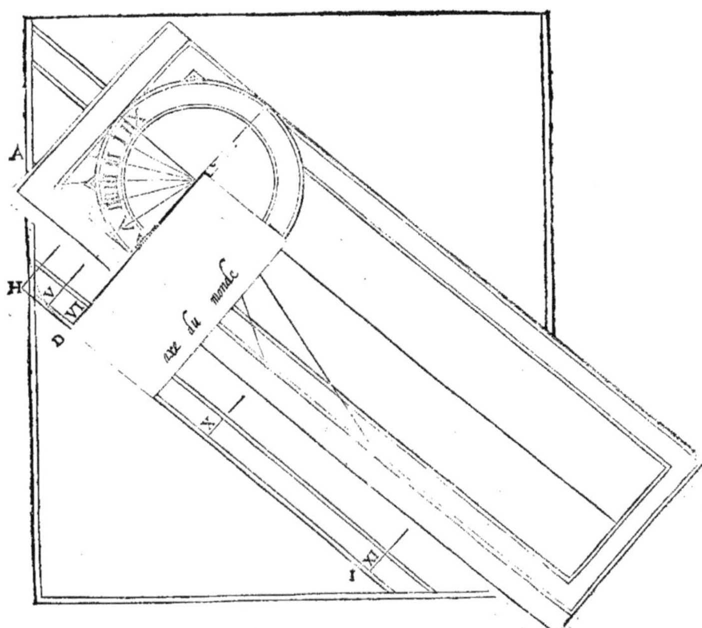

l'efquinoxial ayt la mefme declinaifon ou mefme paralelle que celuy qui eft figuré au ciel : apres foit fait vne autre piece de carton M.O.R.T. en forte que la largeur M.O. foit efgale au demy diametre du cercle efquateur, & la longueur R.T. efgale au diametre entier, & qu'iceluy foit difpofé en forte que R.T. foit l'axe du monde efleué perpendiculaire ou à droits angles fur le plan de l'horloge, & le cercle du plan de l'efquateur eftant taillé en forte que le carton R.M.T.O. puiffe entrer iufques à la moitié M.O. alors l'on verra quand ladite horloge fera dreffee, toute la difpofition du cercle efquateur, & comme les lignes procedantes des interuales efgales des heures qui feront fur ledit cercle, vont fe terminer fur la ligne efquinoxiale du plan de l'horloge, & apres faut tirer des paralelles

Gnomon ou axe du monde qui seruira à monstrer lesdites ombres, sa grandeur sera iustement vne ligne esleuée paralelle à D.C. & pareille distance comme la moitié du diamettre du cercle esquateur & bien à droits angles dessus.

Or d'autant que ie sçay qu'il y a vne tres-grande difficulté à entendre les raisons des ombres à toutes sortes d'horloges à ceux qui n'en ont pas bien la pratique, c'est pourquoy i'en donneray des figures qui se pourront facilement entendre par le moyen de l'esleuation du cercle de l'esquateur, & aussi de l'axe du monde, qui sont desseignez sur le carton qui se leue sur la figure suiuante. Soit fait vn cercle N.O.P.Q. qui representera le plan de l'esquinoxial ou esquateur lequel se leuera à droits angles sur le plan de l'horloge en sorte que ledit plan de l'horloge estant esleué droit & regardant la partie d'orient, faut que ledit plan de

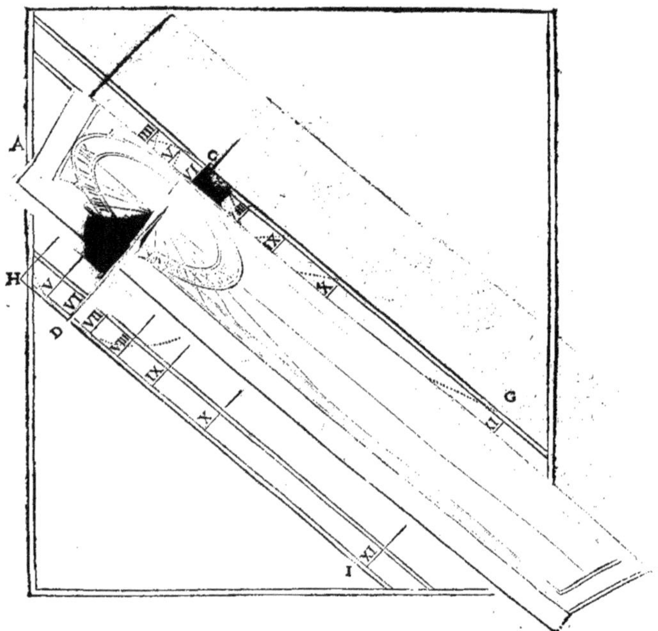

l'esquinoxial ayt la mesme declinaison ou mesme paralelle que celuy qui est figuré au ciel : apres soit fait vne autre piece de carton M.O.R.T. en sorte que la largeur M.O. soit esgale au demy diametre du cercle esquateur, & la longueur R.T. esgale au diametre entier, & qu'iceluy soit disposé en sorte que R.T. soit l'axe du monde esleué perpendiculaire ou à droits angles sur le plan de l'horloge, & le cercle du plan de l'esquateur estant taillé en sorte que le carton R.M.T.O. puisse entrer iusques à la moitié M.O. alors l'on verra quand ladite horloge sera dressee, toute la disposition du cercle esquateur, & comme les lignes procedantes des interuales esgales des heures qui seront sur ledit cercle, vont se terminer sur la ligne esquinoxiale du plan de l'horloge, & apres faut tirer des paralelles à la ligne de l'axe du monde, comme le tout se peut facilement entendre par ceste figure.

PROPOSITION IX.

Pour faire vne horloge meridienne occidentale.

CETTE façon d'horloge occidentale se fera par semblable moyen que l'orientale, & n'y a autre difference sinon que comme cestui-cy est tourné de l'autre costé, ou opposé au precedent, aussi faut-il que les heures depuis midy iusques au soir, soient marquées à celle icy, & à la precedente depuis le Soleil leuant iusques à midy, le gnomon ou indice pour marquer l'ombre sur les lignes des heures sera esleué sur la ligne de six heures, qui est l'axe du monde, & la hauteur sera semblable à la precedente, sçauoir la moitié de la longueur.

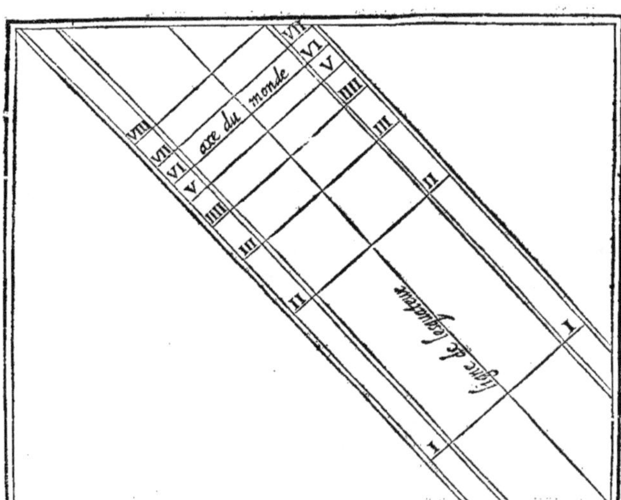

PROPOSITION X.

Pour faire vne horloge polaire.

LES horloges polaires, comme a esté dit en la vingt-septiesme definition, sont celles qui ont le plan où sont marquées les heures paralelles à l'axe du monde, & pour proceder à la fabrique d'icelles, soit tirée vne ligne A.B. trauersante l'axe du monde C.D. à droits angles, laquelle sera esleuée suiuant la hauteur du pole sur l'orison, apres soit tiré le demy cercle de l'esquateur F. H. L. qui sera diuisé en 12 parties esgales, & du centre du demy cercle D. soient tirées des lignes passantes par les poincts des diuisions qui sont sur la demie circonference, & allant sur la ligne A. B. apres soit faicte vne paralelle à A. B. marquée M. N. distante de A. B. du diametre du cercle de l'esqua-

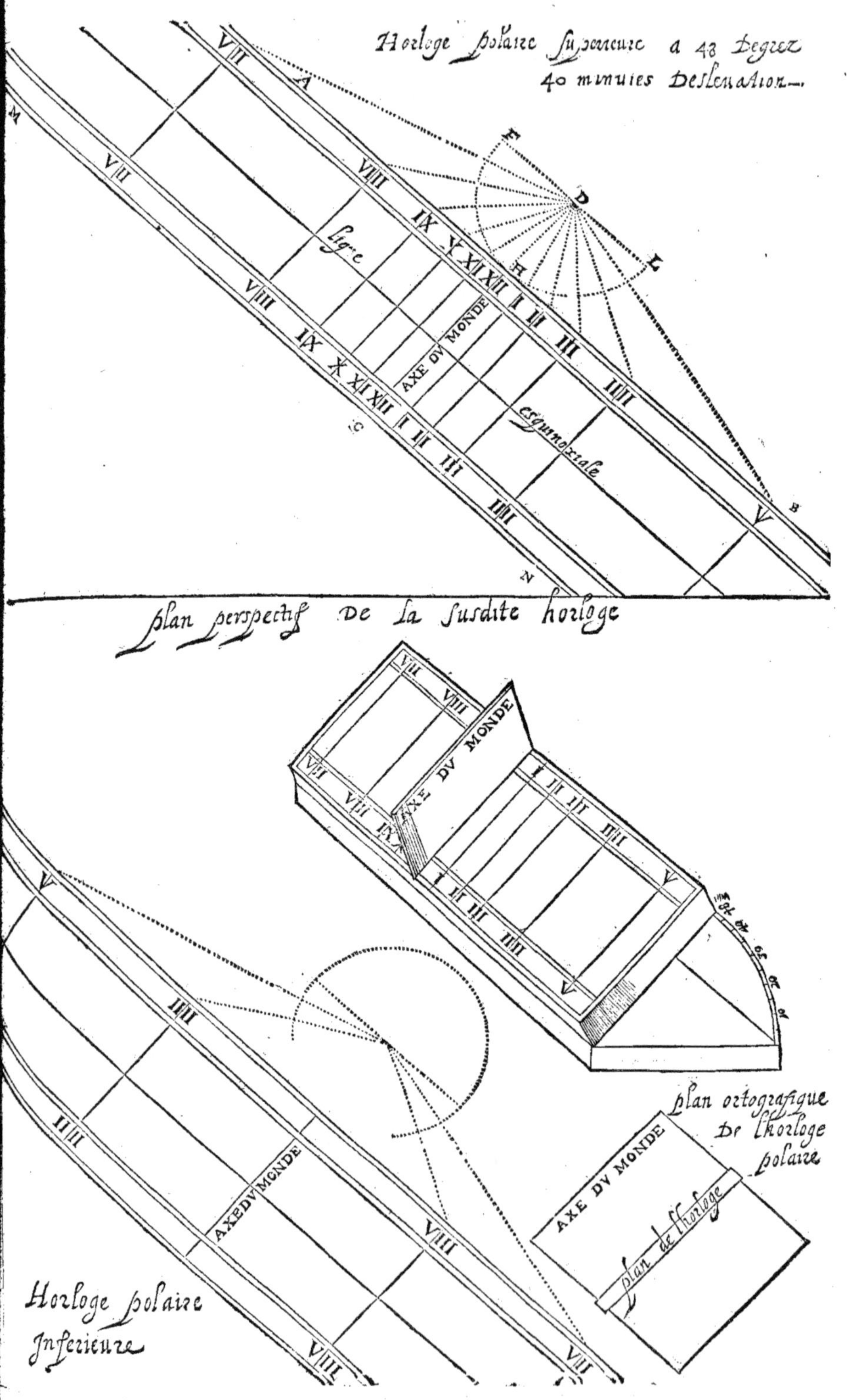
Horloge polaire superieure a 48 Degrez
40 minutes Deslenation.
Ligne
esquinoxiale
AXE DV MONDE
Plan perspectif De la susdite horloge
Plan ortografique
De l'horloge
polaire
AXE DV MONDE
plan de l'horloge
AXEDV MONDE
Horloge polaire
Inferieure

de l'esquateur, & apres tirer toutes les lignes des heures qui sont procedées du cercle esquateur sur la ligne A.B. & les tirer sur la ligne M. N. paralelle à l'axe du monde, & ainsi l'on aura les diuisions des heures depuis 7 heures de matin iusques à cinq heures de soir: car les 6 heures de matin ny de soir n'y peuuent estre representées à cause que l'ombre du Gnomon en cesdites heures va paralelle au plan, ce qui est cause qu'elles n'y peuuent estre representées. Et pour donner vne claire intelligence de la disposition & façon de ceste horloge, i'en ay dressé vne en perspectiue, par laquelle on peut voir la disposition du plan de ladite horloge. Reste à monstrer comme il faut marquer les heures d'Esté à l'horloge inferieure, car depuis que le Soleil est entré au signe d'Aries, iusques à ce qu'il retourne au signe de Libra, les heures qui precedent les 6 du matin, & celles qui sont apres les 6 heures de soir, ne se peuuent designer dessus l'horloge superieure, d'autant que le Soleil n'y pourra donner sa lumiere, à cause de l'obliquité du plan de l'horloge; c'est pourquoy il faudra desseigner lesdites heures au costé de dessoubs dudit plan, en ceste façon. Soit fait vn semblable plan que le premier, & vn cercle esquateur, où seront marquées lesdites heures de matin & de soir, & les tirer iusques sur le plan, cõme on a fait celles de dessus, puis les rapporter au plan inferieur de l'horloge, ou autrement il faut prendre les distances de midy à 7 heures de matin en l'horloge superieure, & en faire vne semblable de l'axe du monde à 5 heures de matin à l'inferieure, & apres prendre la distance de midy à 8 heures de matin en ladite superieure, & l'a rapporter à l'inferieure, depuis l'axe du monde iusques à 4 heures du matin, apres faut marquer les 7 & 8 heures de soir comme les 4 & 5 heures de matin.

Quant à la demonstration de ceste horloge, elle est facile, car le demy cercle esquateur F.H.L. estant diuisé en 12 parties esgales, qui sont les heures depuis les 6 de matin iusques aux 6 de soir, & le Soleil donnant sa lumiere, il est certain que l'ombre du Gnomon D. passera toutes les heures par lesdites diuisions, & donnera sur la ligne A.B. aux poincts desdites heures.

PROPOSITION XI.

Pour faire vne horloge verticale inclinante de l'occident vers le midy.

FAVT premierement faire ladite horloge auec lignes occultes, suiuant la septiesme proposition, & soit la declinaison du mur sur lequel se doit faire l'horloge estre la ligne A. B. & celle qui regarde le vray midy C.D. ainsi les lignes occultes de l'horloge qui regardent le vray midy estans tirées aux poincts 8.9.10.11.12.1.2.3.4. faut que ladite ligne declinante A.B. coupe C.D. au poinct de 12 heures: & ainsi vne partie des diuisions, sçauoir 8. 9. 10. 11. couperont A.B. aux poincts VIII. IX. X. XI. qui seront les mesmes heures, & les autres d'apres midy, qui sont en la ligne C.D. marquées 1. 2. 3. 4. seront prolongées vers la partie de la ligne B. & où elles toucheront ladite ligne, faut marquer les heures I. II. III. IIII. apres il y a encores les 7. 6. & 5. heures de matin à marquer, & pour ce faire faut tirer des lignes partantes du poinct E. comme en la septiesme proposition,

& où

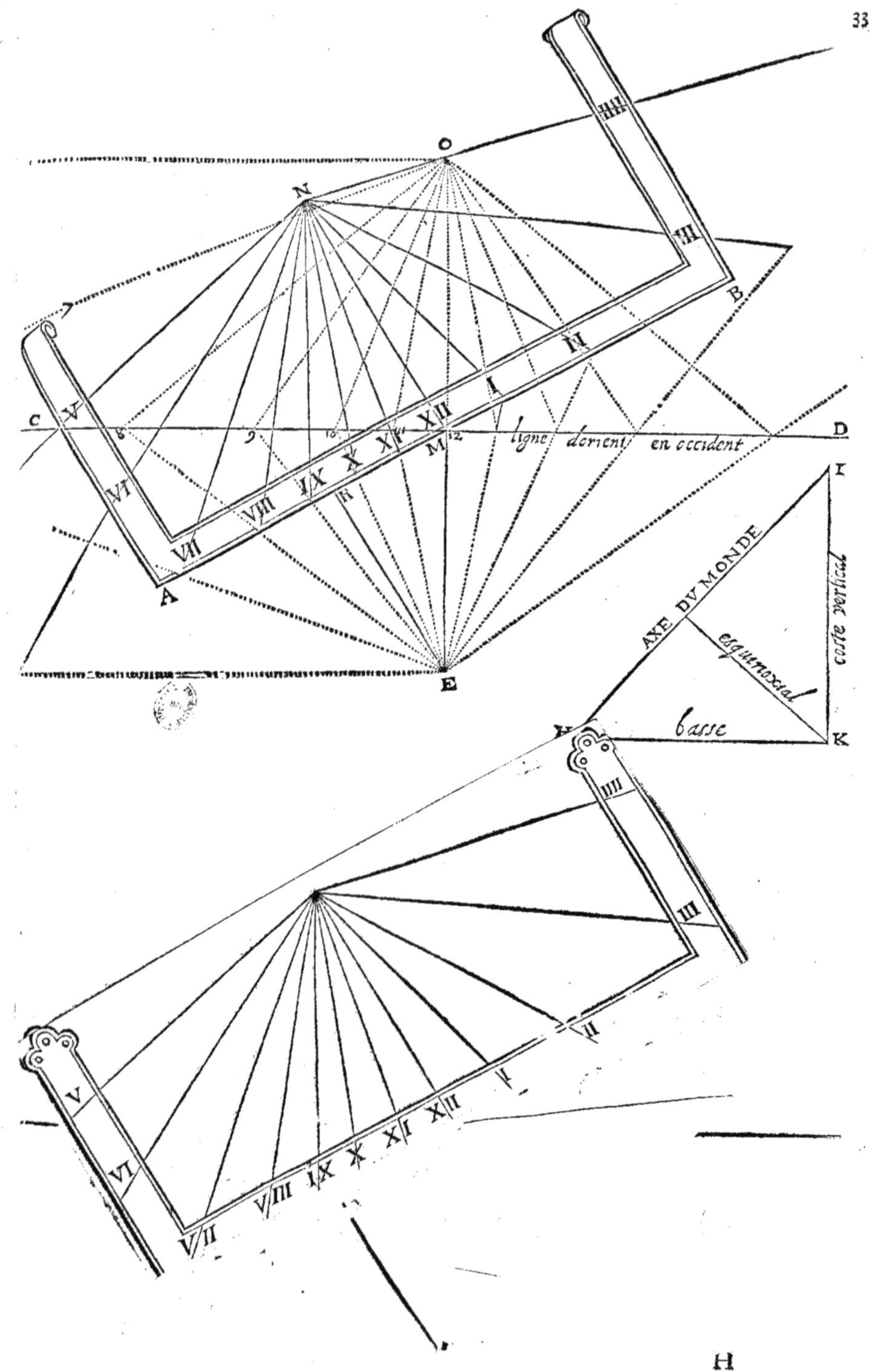
O
N
B
C
D
M
R
A
E
I
K
ligne dorient en occident
AXE DV MONDE
esquinoxial
coste vertical
basse
V
VI
VII
VIII
IX
X
XI
XII
I
II
III
IIII

O
N
B
A
C
D
E
M
R
7
8
9
10
12
V
VI
VII
VIII
IX
X
XI
XII
I
II
III
IIII
ligne dorient en occident
AXE DV MONDE
esquinoxial
coste vertical
basse
H
I
K

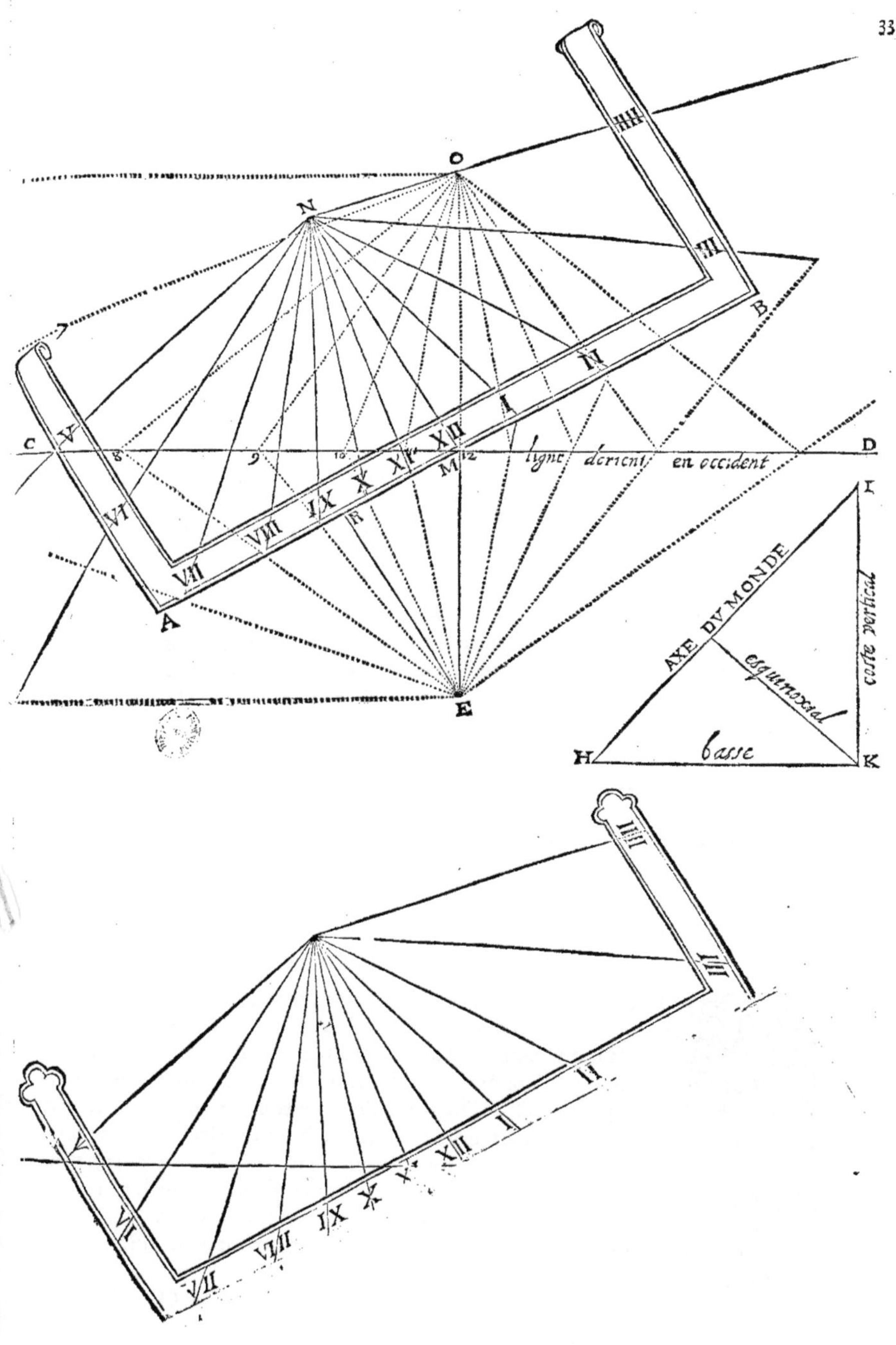

H

& où elles couppent A, B, faut marquer lesdites heures, il est doncques certain que l'ombre procedant du poinct E, qui donnera sur les poincts de la ligne C, D, donnera pareillement sur les mesmes poincts des heures de la ligne A,B, d'autant que ce sont rayons droicts procedant d'vn mesme poinct, apres faut esleuer la ligne de la hauteur du stille perpendiculaire sur le poinct de mydi, & qu'icelle soit marquée M, N, pareille à M,O, quand à la ligne M, E, c'est la base du triangle gnomonique, laquelle demeure fixe, tant pour l'horloge verticale reguliere, que pour les declinantes. I'ay encore dressé vne demonstration familiere de cecy, par le moyen d'vn carton marqué T, S, X, auquel sera desseigné l'horloge susdite, & faut que le triangle gnomonique soit decliné autant comme la muraille decline, c'est à dire que ledit triangle soit tousiours disposé en sorte, que le costé qui soustient l'angle droict, regarde tousiours le pole, & par ainsi il representera l'axe du monde, ainsi leuant ledit carton à angles droicts sur l'orison, & pareillement le triangle de carton, l'angle de haut dudit triangle rencontrera le plan de l'horloge au poinct S. Et ainsi l'axe du monde donnera des ombres des heures contre le plan de ladite horloge. Quant à la grandeur du triangle gnomonique, il a pour base la grandeur de la ligne E, M, comme il se peut voir à celuy marqué H, K, I, lequel est tiré de celuy marqué F, G, I, demonstré en la septiesme proposition.

Mais on pouuoit icy demander si la muraille declinoit beaucoup dauantage de l'occident ou de l'orient vers le mydi, comment pourroit-on voir l'heure contre le plan, veu que le triangle gnomonique ne bougeant, qu'alors il empescheroit la veuë desdites heures au plan. A cela ie responds que si on veut mettre ledit triangle à droicts angles sur le plan de l'horloge, il se peut faire facilement, sçauoir tirant vne ligne du poinct E, au poinct R, laquelle sera à droicts angles sur ledit plan, & faut que la base dudit triangle soit comme R, E, & le costé qui est contre la muraille R,S, & le costé qui soustient l'angle droict (sçauoir l'axe du monde) S,E, ainsi ladite ligne de l'axe du monde sera scituée en la mesme place en ce dernier triangle comme elle estoit au premier.

PROPOSITION XII.

Faire vne horloge orisontale, inclinante vers le poinct vertical à 48 degrez 40 minutes d'esleuation.

SOIT le plan de l'horloge orisontale marqué par la ligne occulte A, B, & soit iceluy leué de B, en D, & abbaissé de A, en C, de 20 degrez. Or d'autant que l'axe du monde est stable, & qu'il faut faire les horloges suiuant iceluy, il s'ensuit que la basse du triangle gnomonique E, F, G, de l'horloge declinante est 20 degrez plus haute vers C, que non pas E, H, ainsi il faudra faire ladite horloge declinante sur ledit triangle gnomonique E, F, G, tout ainsi comme a esté monstré en la septiesme proposition. Et ladite horloge estant faicte, pourra aussi seruir pour les pays qui sont à 28 degrez d'esleuation, mais il ne faudroit pas la faire decliner. Ie croy que la figure desdits triangles, & aussi le cercle L, M, N, pourront demonstrer facilement la raison de ladite declinaison.

PROPOSITION

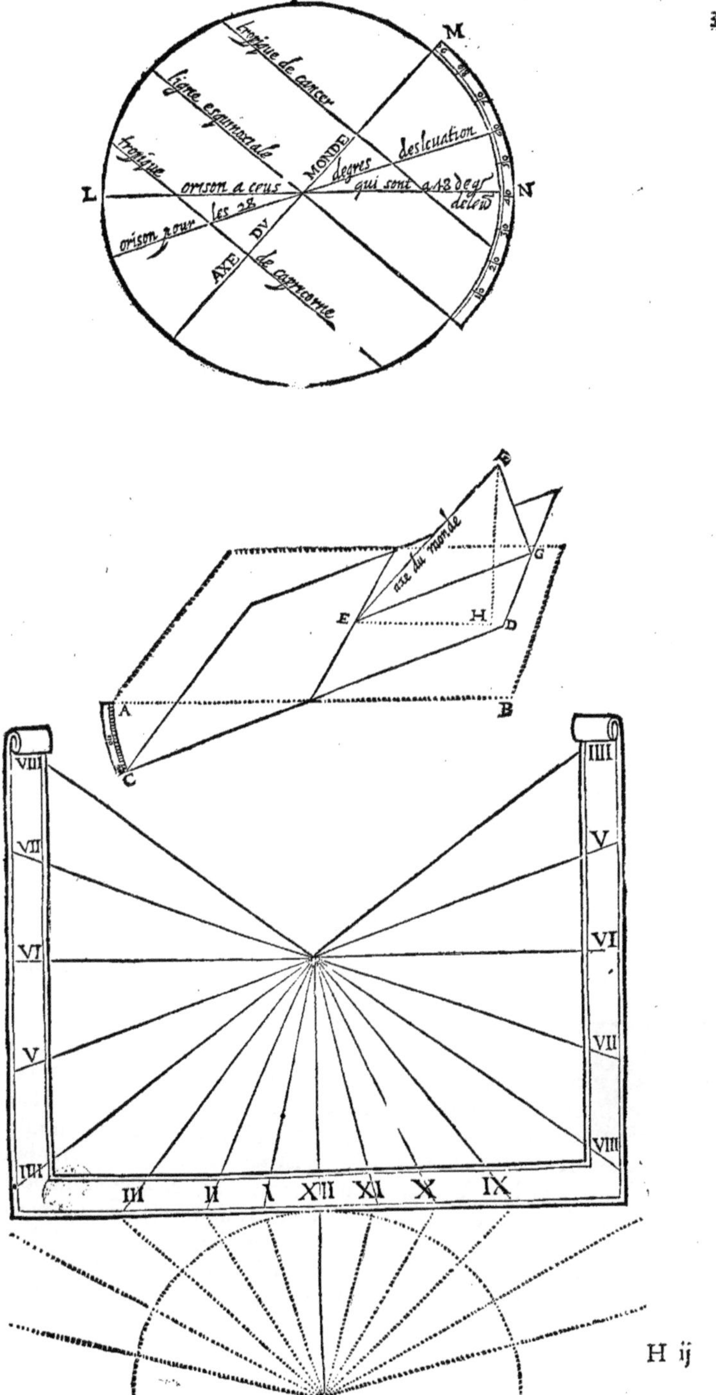
M
L
N
tropique de cancer
ligne esquinoxiale
tropique
orison a ceus
les 28
orison pour
MONDE
DV
AXE
de capricorne
degres
deslcuation
qui sont a 48 degr
delew
axe du monde
A
B
C
D
E
F
G
H
VIII
VII
VI
V
IIII
III
II
I
XII
XI
X
IX
IIII
V
VI
VII
VIII

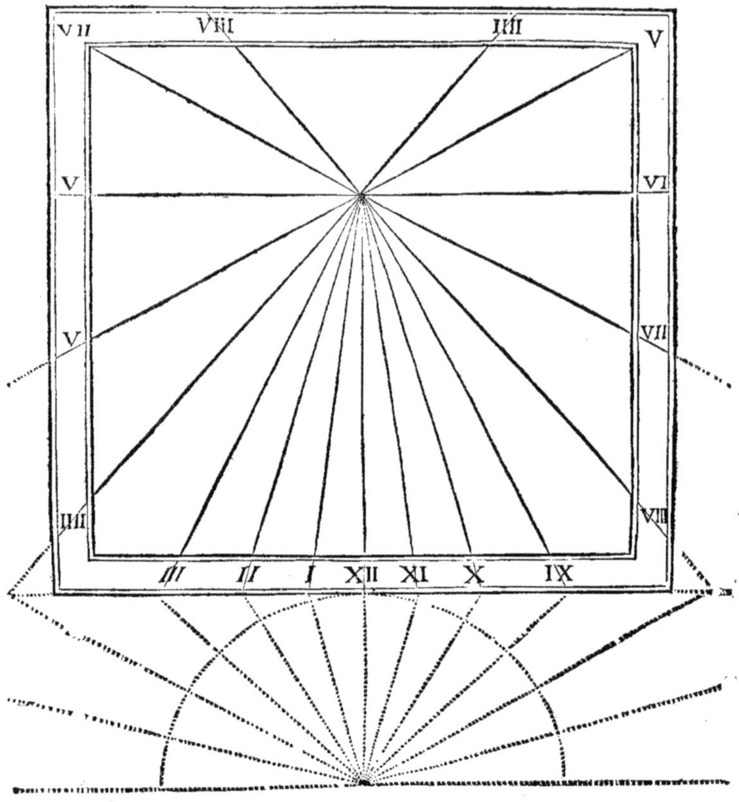

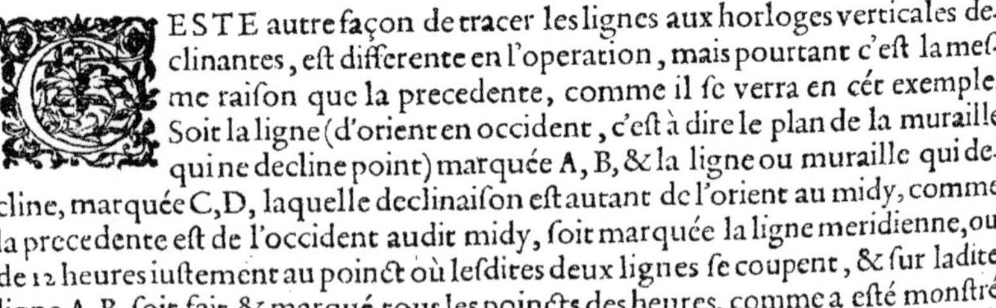

PROPOSITION XIII.

Autre façon d'horloge verticale, inclinante d'orient vers le midy.

CESTE autre façon de tracer les lignes aux horloges verticales declinantes, est differente en l'operation, mais pourtant c'est la mesme raison que la precedente, comme il se verra en cét exemple. Soit la ligne (d'orient en occident, c'est à dire le plan de la muraille qui ne decline point) marquée A, B, & la ligne ou muraille qui decline, marquée C, D, laquelle declinaison est autant de l'orient au midy, comme la precedente est de l'occident audit midy, soit marquée la ligne meridienne, ou de 12 heures iustement au poinct où lesdites deux lignes se coupent, & sur ladite ligne A, B, soit fait & marqué tous les poincts des heures, comme a esté monstré à la septiesme proposition, apres soit tirée la ligne de la base du gnomon E, F, à droicts angles sur la ligne A, B, & du poinct E, soient tirées toutes les lignes occultes

occultes paſſans par les poincts des heures qui ſont marquées ſur la ligne A.B. iuſques ſur la ligne C. D. ſoit apres pris la hauteur du gnomon qui ſera poſé au poinct G. & d'iceluy ſoient tirées toutes les lignes aux poincts où les autres lignes occultes couppent la ligne C. D. apres l'on marquera les heures ſur leſdits poincts, & pour le triangle gnomonique, il ſera poſé, à ſçauoir la hauteur ſur la ligne G.H. laquelle eſt ainſi oblique àcauſe de la declinaiſon, & la baſſe ſera ſur la ligne H.E. à droits angles contre le plan de l'horloge, & leſdits deux coſtez du triangle eſtans poſées de la façon, le troiſieſme, qui eſt celuy qui repreſente l'axe du monde, ſe rencontrera iuſtement en ſa ſituation de l'axe du monde, tout ſemblablement comme ſi ledit triangle eſtoit poſé contre la ligne G.F. & ſur celle F. E. comme a eſté monſtré en la precedente. Faut auſſi noter que la ligne A.B. d'orient en occident en ceſte figure, eſt la meſme qui eſt marquée C.D. de la precedente.

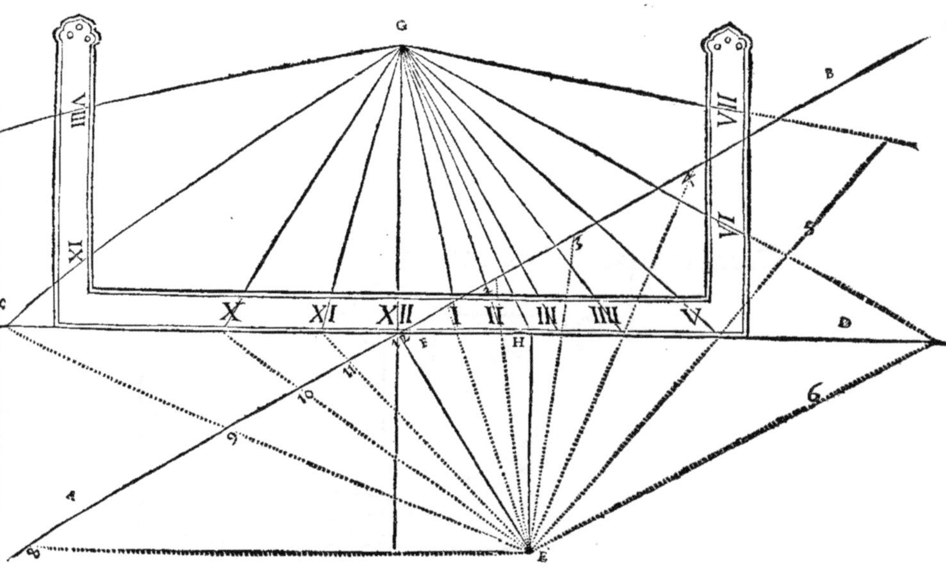

PROPOSITION XIIII.

Fabrique & vſage d'vn inſtrument pour prendre la declinaiſon d'vne muraille.

CET inſtrument ſe fera ſur vne tablette de bois ou de cuiure, d'enuiron vn pied de long, & demy pied de large, de la forme & maniere comme il eſt icy deſſeigné, auec vn Alidade ſur laquelle il y aura vne bouſole, & ſur ladite tablette faut faire vn demy cercle, & le diuiſer en deux, & chacune d'icelles en nonante, comme il ſe voit en ladite figure: & ſi on veut encores l'on mettra ſur les coſtez dudit inſtrument l'ombre droicte & l'ombre verse, pour s'en seruir pour mesurer des longueurs & hauteurs : or l'vsage dudit instrument est tel. Soit proposé de prendre la declinaison du mur marqué A. B. & soit celuy B. C. directement du midy au septentrion (qui est celuy contre lequel se fait ordinairement l'horloge meridienne orientale) & A. D. d'orient en occident (qui est celuy contre lequel se fait la verticale opposée ou regardant le midy, ou autrement reguliere.) Doncques pour reuenir à la declinaison du mur A. B. soit posé l'instrument contre ledit mur A. B. & soit tourné l'Alidade tant que la Bousole soit iustement en son vray midy, alors la ligne de l'Alidade F. E. sera disposee aussi de mesme, doncques l'angle que fera ladite ligne auec celle E. G. sera l'angle de la declinaison. Et si on veut sçauoir combien de degrez ledit angle contient, il faut regarder sur le demy cercle, & on trouuera que depuis G. iusques à F. il y a 31 degré 30 minutes, doncques on pourra dire que l'angle contient autant, & ainsi ladite muraille decline d'occident vers le midy de 31 degré 30 minutes.

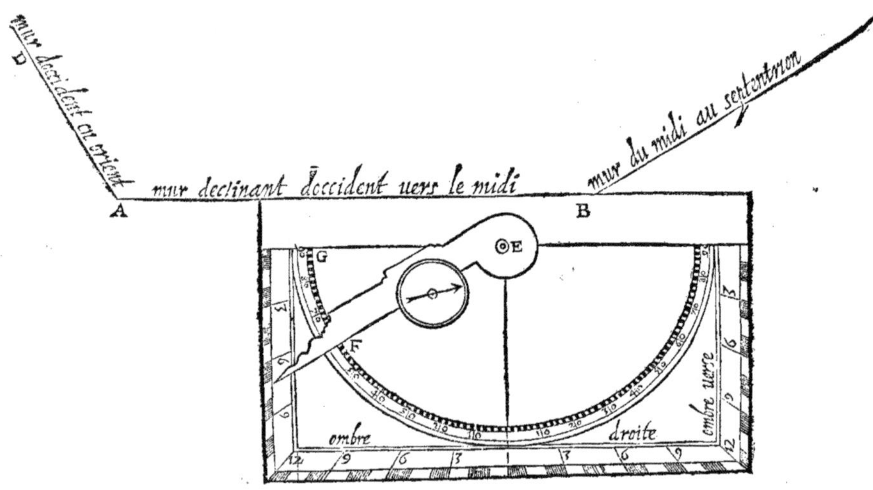

PROPOSITION XV.

Pour faire vne horloge verticale contre vne muraille qui sera presque du midy au septentrion.

D'AVTANT que les horloges qui se font sur les murailles qui sont paralelles à la ligne meridienne, comme a esté enseigné à la neufiesme proposition, se font par le moyen de l'axe du monde, qui est paralelle au plan de l'horloge : Il me semble qu'il sera fort à propos de monstrer comme quand lesdites murailles declinent vn peu d'vn costé ou d'autre, incontinent se forme le triangle gnomonique. Soit doncques la ligne paralelle au meridien marquée A. B. & celle qui decline C. D. sur

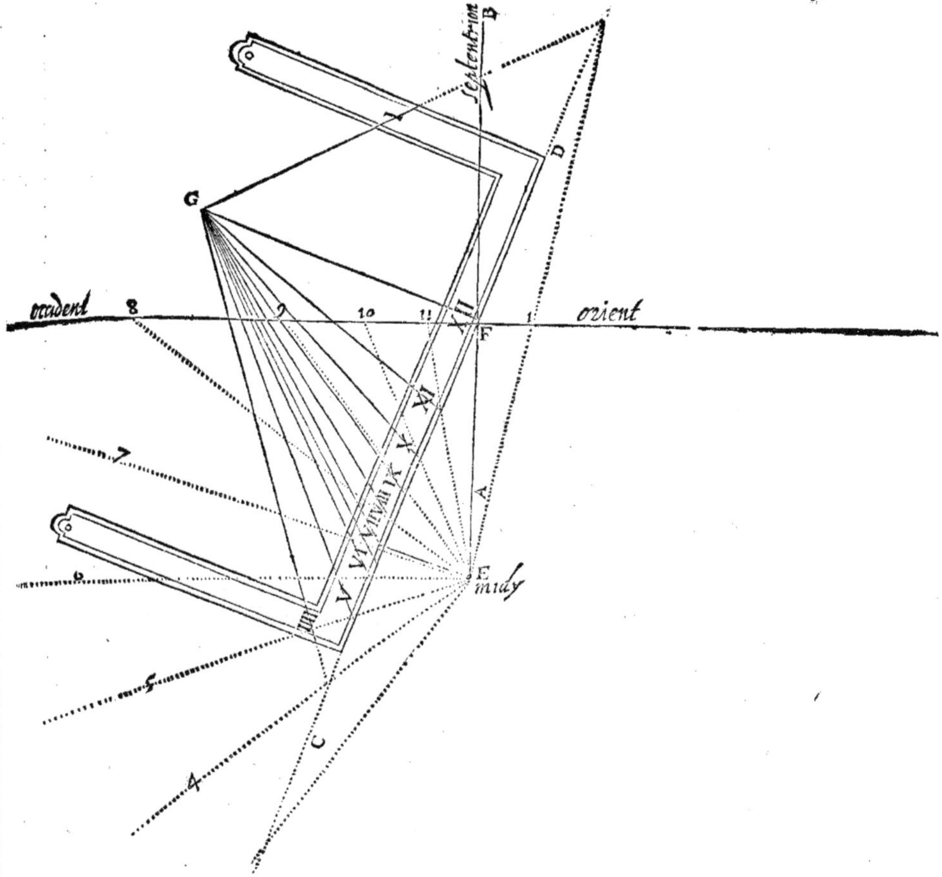

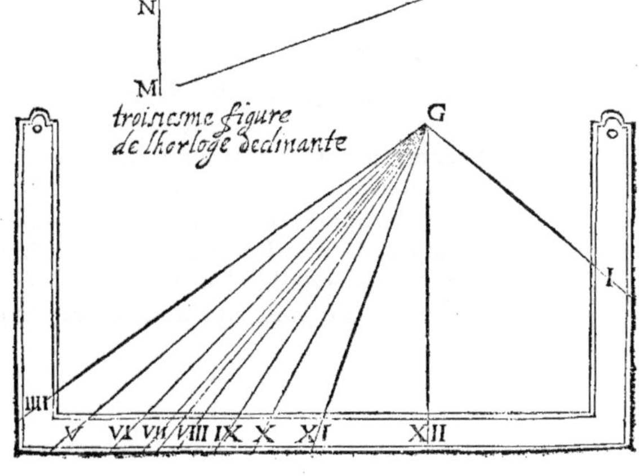

Septentrion
B
D
G
occident
8
9
10
11
XII
F
1
orient
7
A
6
E
midy
5
C
4

N
M
troisiesme figure
de lhorloge declinante
G
I
IIII
V
VI
VII
VIII
IX
X
XI
XII

sur laquelle conuient tracer l'horloge declinante au poinct où icelles lignes se coupent, soit tirée la ligne d'occident en orient, sur laquelle sera pris comme aux precedentes les distances des heures qui sont en la semblable ligne de la huictiesme proposition, apres soit pris la distance de la basse du triangle gnomonique en la douziesme proposition, laquelle sera posee aux poincts F. E. & dudit poinct E. soient tirées les lignes occultes iusques aux poincts des heures lesquelles couperont la ligne C.D. aux poincts où il faut descrire les heures, apres soit esleué la ligne F.G. qui est de la mesme grandeur que le costé vertical du triangle gnomonique de la douziesme proposition, & du poinct G. soient tirées toutes les lignes des heures sur les poincts susdits, ainsi on aura l'horloge tracée comme il faut sur la ligne C. D. soit apres rapportée ladite horloge sur vn carton qui se leuera à droicts angles sur le papier, & soit tirée vne ligne du poinct de 12 heures au poinct M. semblable à la base du triangle gnomonique, & aussi de semblable declinaison du carton comme la ligne du midy E. F. decline de C.D. qui represente le plan du mur, & soit posé sur ceste ligne le triangle de carton gnomonique, lequel estant leué, & aussi le plan de l'horloge, representera au vray sa façon.

Mais à cause que le triangle gnomonique empesche la veuë des heures qui sont derriere iceluy, voicy comme on fera pour euiter cét empeschement, faut tirer vne ligne à droits angles du poinct M. sur le plan de l'horloge, & faire vn autre triangle gnomonique comme en la troisiesme figure de ladite horloge, qui aura pour sa base la grandeur M.N. & qu'iceluy soit attaché obliquement sur le mur à la ligne N.G. ainsi le costé M. G. sera l'axe du monde, lequel a la mesme pente & obliquité que le plus grand, pourueu que ledit petit triangle soit posé à droits angles contre le plan de l'horloge.

PROPOSITION XVI.

Pour faire vne horloge Orisontale où les douze signes du Zodiaque seront desseignez sur les 48 degrez & demy d'esleuation.

SOIT premierement fait sur vn plan orisontal vn demy cercle A.F.H.B. representant la demie circonference du Soleil sur le centre C. qui representera la terre, & soit faicte l'esleuation du pole sur la circonference du demy cercle, selon le lieu où l'on voudra se seruir de l'horloge. Soit celle icy faicte sur les 48 degrez $\frac{1}{2}$ de latitude, doncques l'on fera ladite esleuation sur le poinct O. & tirant vne ligne du poinct C. vers P. laquelle representera l'axe du monde, soit apres faicte la ligne occulte C. D. à droits angles sur l'axe du monde, laquelle representera la ligne esquinoxiale, soient aussi tirées les lignes des tropiques de Cancer & Capricorne, marquées E.F. & G.H. esloignées chacune de 23 degrez $\frac{1}{2}$ de l'esquinoxial, comme a esté monstré en la septiesme & huictiesme definition, apres soit tiré la ligne M.N. paralelle à A.B. & autant esloignée d'icelle comme l'on desire que le Gnomon ou esguille aye de hauteur, laquelle ligne represente le plan orisontal

sontal, sur lequel l'ombre de la petite balle ronde comme a esté enseigné en la premiere proposition. Apres soit fait le demy cercle O. P. F. dont le centre L. sera posé sur la section où le tropique de Cancer coupe l'axe du monde, lequel sera diuisé en 12 parties esgales, & des poincts des diuisions seront tirées des perpendiculaires sur E. F. & des poincts qui sont sur E. F. (procedans desdites perpendiculaires) seront tirées des paralelles à A. B. iusques sur la partie de la circonference F. D. H. B. & apres des poincts où lesdits paralelles touchent ladite partie de circonference, seront tirées les lignes des ombres qui passeront toutes sur le poinct C. & donneront sur la ligne M. N. qui represente le plan de l'horloge. *Construction de la figure pour le tropique de Cancer.*

Apres soit faicte l'horloge orisontale A. B. C. D. en la cinquiesme figure de ceste proposition, dont les lignes des heures seront tracées tout ainsi comme a esté monstré en la sixiesme proposition: & soit aussi fait vn petit triangle de carton sur les 48 degrez & demie d'esleuation, en sorte que le costé dudit triangle qui est perpendiculaire sur le plan, soit de la iuste longueur comme la distance X. C. de ceste premiere figure, lequel sera posé sur la ligne du midy de la cinquiesme figure. Or auant que de passer outre (pour monstrer comme on doit faire le rapport des ombres qui sont sur la ligne M. N. & les apporter à la cinquiesme figure) nous demonstrerons comme se forment lesdites ombres, & la raison d'icelles.

Premiere figure pour le tropique de Cancer.

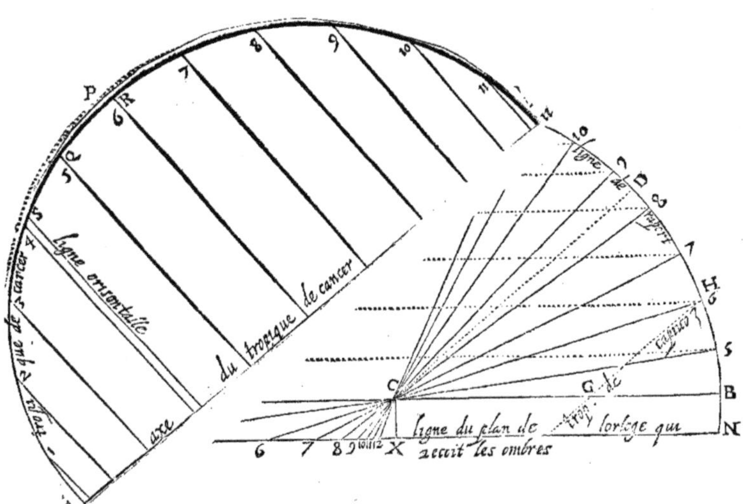

Et pour effect sera fait vn demy cercle de carton, semblable à O. P. F. qui sera aussi semblablement diuisé, duquel le diametre sera posé sur le diametre O. F. en sorte qu'iceluy carton estant leué perpẽdiculaire sur le plan orisontal, l'on puisse voir materiellement (comme si c'estoit sur vne sphere) le cours du Soleil quand *Demonstration*

sontal, sur lequel l'ombre de la petite balle ronde comme a esté enseigné en la premiere proposition. Apres soit fait le demy cercle O. P. F. dont le centre L. sera posé sur la section où le tropique de Cancer coupe l'axe du monde, lequel sera diuisé en 12 parties esgales, & des poincts des diuisions seront tirées des perpendiculaires sur E. F. & des poincts qui sont sur E. F. (procedans desdites perpendiculaires) seront tirées des paralelles à A. B. iusques sur la partie de la circonference F. D. H. B. & apres des poincts où lesdits paralelles touchent ladite partie de circonference, seront tirées les lignes des ombres qui passeront toutes sur le poinct C. & donneront sur la ligne M. N. qui represente le plan de l'horloge. *Construction de la figure pour le tropique de Cancer.*

Apres soit faicte l'horloge orisontale A. B. C. D. en la cinquiesme figure de ceste proposition, dont les lignes des heures seront tracées tout ainsi comme a esté monstré en la sixiesme proposition : & soit aussi fait vn petit triangle de carton sur les 48 degrez & demie d'esleuation, en sorte que le costé dudit triangle qui est perpendiculaire sur le plan, soit de la iuste longueur comme la distance X. C. de ceste premiere figure, lequel sera posé sur la ligne du midy de la cinquiesme figure. Or auant que de passer outre (pour monstrer comme on doit faire le rapport des ombres qui sont sur la ligne M. N. & les apporter à la cinquiesme figure) nous demonstrerons comme se forment lesdites ombres, & la raison d'icelles.

Premiere figure pour le tropique de Cancer.

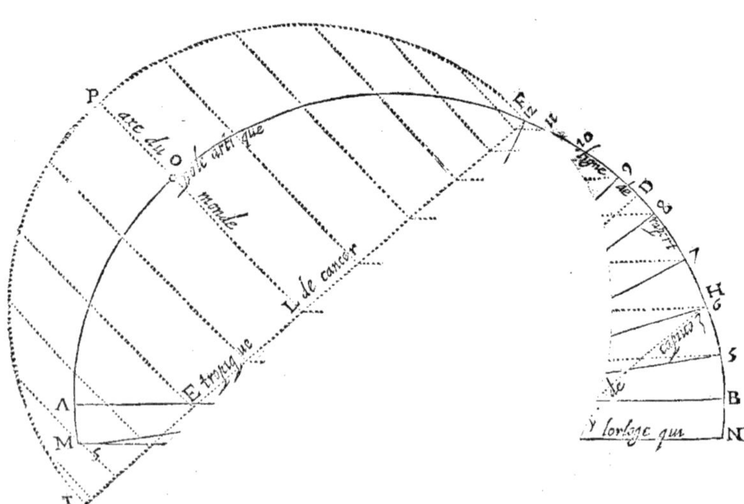

Et pour est[...] [...], semblable à O. P. F. qui sera aussi semblablem[...] [...]etre sera posé sur le diametre O. F. en sorte qu'iceluy carton e[...] [...] perpediculaire sur le plan orisontal, l'on puisse voir materiellement (comme si c'estoit sur vne sphere) le cours du Soleil quand *Demonstration.*

de la premiere figure, quand le Soleil est au tropique de Cancer.

Donnant 15 degrez pour heure, les 7 heures font 105 degrez.

Demonstration fort belle pour entendre le cours du Soleil, & comme il hausse & baisse insensiblemẽt vers les tropiques.

il est audit tropique de Cancer: car se monstrant sur l'orison, il sera au poinct S. d'autant que les lignes S. T. & A. B. se ioignent à droits angles au mesme plan de l'orison: & ainsi toutes les deux lignes ne font qu'vne mesme superficie orisontale, ainsi cõme Euclide le demonstre en la 15. 17. & 18me de l'vnziesme, & apres qu'il sera arriué au poinct Q. alors il sera 5 heures de matin: & ce d'autant que ledit poinct Q. est esloigné de F. de 105 degrez, qui est l'espace de 7 heures, & le poinct F. est le plus haut lieu où le Soleil se trouue quand il est entré au signe de Cancer, & ainsi le Soleil estant audit poinct F. il seroit iustement midy, apres quand il est arriué au poinct R. il sera 6 heures, & ainsi cheminant tousiours 15 degrez pour chacune heure, il arriue au susdit poinct F. & ainsi trauersant la ligne meridienne sur laquelle ledit poinct F. est situé, il fait son cours au delà de ladite ligne, comme il a fait en deça, & le lendemain matin se trouuera sur la ligne de l'orison S. T. mais non pas au mesme poinct, ains vn peu tirant vers l'autre tropique, & ainsi tournant iournellement, approche tousiours dudit tropique de Capricorne iusques à ce qu'il y soit, puis retourne à celuy de Cancer, & ainsi fait son cours continuellement. Reste à monstrer le rapport des heures qui sont sur la circonference du tropique de Cancer, & comme les poincts desdites heures se rencontrent sur la ligne meridienne F. B. Premierement la demie circonference dudit tropique de Cancer a son centre sur le demy diametre O. C. (autrement axe du monde) & la longueur du diametre dudit tropique de Cancer est pareille à la ligne T. F. dudit tropique. Il s'ensuit doncques que le carton estant leué perpendiculaire sur le plan que le centre C. sera commun, tant de la circonference dudit tropique, comme de la ligne meridienne, c'est à dire, qu'il y aura telle distance de S. à C. quand ledit carton est leué, comme de C. à B. & de Q. à C. comme de C. à 5. & de R. à C. comme de C. à 6. Doncques si le Soleil se leuant en S. qui est l'orison, fait son cours iusques en Q. il sera esleué sur l'orison comme de B. à 5. & non pas comme de S. à Q. & cela arriue par l'obliquité de son cours qui n'est pas perpẽdiculaire sur l'orison, doncques du poinct 5. le rayon qui sera tiré en C. passant sur la ligne M. N. au poinct 5. sera le rayon de l'ombre que donne le poinct C. iusques à 5. sur la ligne M. N. Faut doncques faire le rapport de la longueur de ladite ombre X. 5. en la cinquiesme figure aux poincts V. de matin, & VII. de soir (car l'ombre qui se fait à 5. heures deuant midy, est pareille à celle qui se fait à 7 heures apres midy, comme a esté desia demonstré.) Apres faut prendre la grandeur que donne l'ombre de 6 heures, & la poser encore sur la ligne de VI. heures, mettant comme deuant vn des pieds du compas au pied du Gnomon, ou triangle de carton, & l'autre pied sur ladite ligne de 6 heures, & faire ainsi des autres heures qui sont en ladite figure, apres l'on fera vne ligne courbe depuis les V. heures de matin iusques sur les VII. heures de soir, passant par les poincts où lesdites longueurs des ombres coupent les lignes des heures, & ainsi l'horloge estant placée bien sur son midy par le moyen de la bousolle, & le triangle de carton dressé perpendiculaire quand le Soleil sera au tropique de Cancer, l'ombre de la pointe dudit triangle ou gnomon, donnera iustement sur ladite ligne depuis le matin iusques au soir, & quelques huict iours apres on s'apperçoit que l'ombre de la pointe dudit triangle s'allonge vn peu, à cause que le Soleil n'est plus si haut, c'est pourquoy il conuient faire des autres figures.

En ceste deuxiesme figure seront desseignées les longueurs des ombres que fait le petit gnomon T.V. ou triangle gnomonique, sur le plan orisontal F.G. ainsi procedant comme dessus à diuiser le demy cercle du tropique de Capricorne en 12 parties esgales, l'on verra que la partie dudit demy cercle qui est cacheé soubs l'orison de la figure premiere, se monstre icy au dessus de l'orison, & au contraire ce qui se monstroit au dessus de lorison de la premiere, se monstre icy dessoubs: le rapport de toutes les lignes se feront selon les mesmes raisons comme de la premiere figure.

Seconde figure pour le tropique de Capricorne.

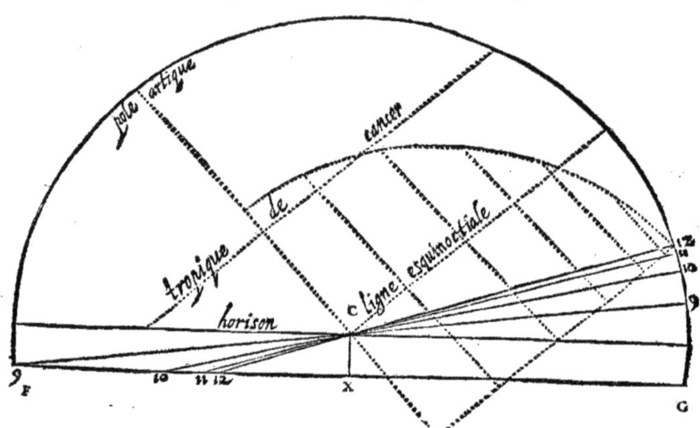

Apres suit la troisiesme figure, où sont desseignez les longueurs des ombres sur le plan orisontal, qui les reço[illegible] aux poincts des heures qui sont descrites sur le cercle meridien, quand le Soleil est aux esquinoxes, lesquelles il faut encore rapporter sur la cinquiesme figure, comme on a fait les precedentes.

Troisiesme figure pour l'equinoxial.

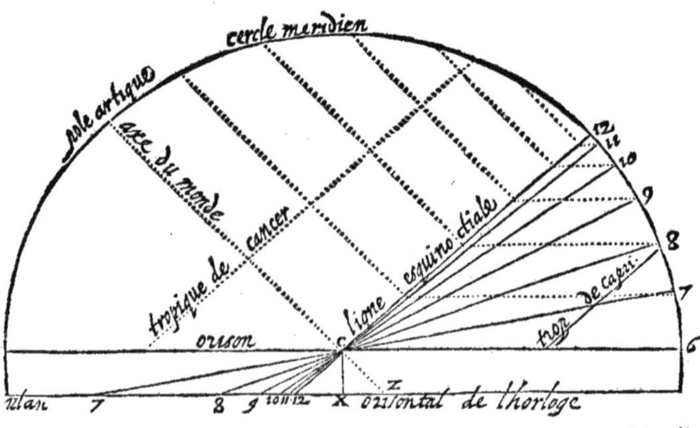

En cefte quatriefme figure feront deffeignées les ombres procedantes des heures, quand le Soleil eft aux 8 autres fignes, & s'en fera encore le rapport tout ainfi comme les precedentes, ainfi l'on aura fur ladite horloge orifontale toutes les longueurs des ombres quand le Soleil entre aux 12 fignes du Zodiaque.

Quatriefme figure pour les 8 autres fignes, fçauoir Virgo, Pifces, Scorpio, Taurus, Leo, Aquarius, Sagitarius, Gemini.

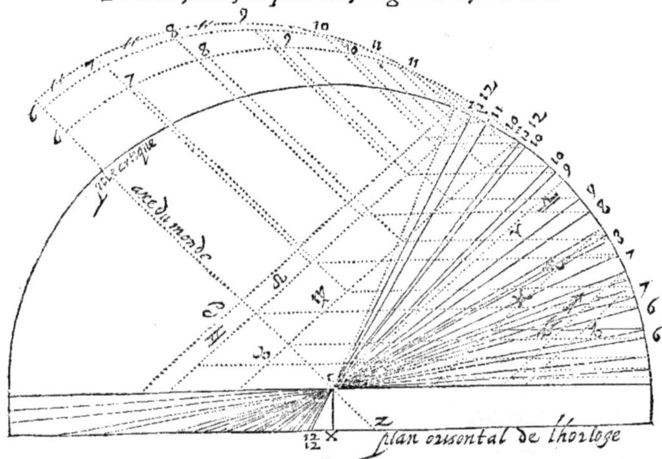

Cinquiefme figure de l'horloge orifontale fur les 48 degrez ½ d'efleuation monftrant les 12 fignes du Zodiaque.

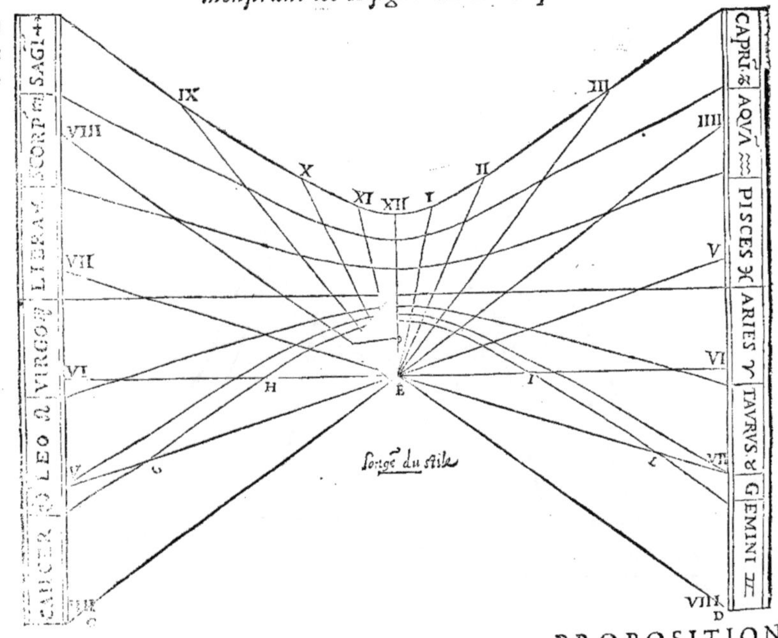

PROPOSITION

PROPOSITION XVII.

Autre façon pour desseigner les 12 signes du Zodiaque aux horloges orisontales.

TOVS ceux qui se sont meslez de desseigner les 12 signes du Zodiaque aux horloges orisontales, comme Munster, Clauius, & autres, ont ensuiuy l'ordre que ie demonstreray en ceste proposition, dont la pratique est plus facile que la precedente, mais la demonstration en est beaucoup plus difficile, qui est cause que ceux qui en ont escrit se sont contentez d'en donner la construction, sans que peu ayent voulu s'estendre dans la demonstration. Nous commencerons par ladite construction, pour apres en faire ladite demonstration le plus clairement qu'il nous sera possible.

Soit premierement descrit vn Zodiaque en ceste façon, soit fait vn quart de cercle A. B. C. lequel sera diuisé en 90 degrez, dont en sera pris 23 $\frac{1}{2}$ de D. à C. pour la moitié de la largeur dudit zodiaque, apres seront tirées les lignes B. D. F. B.C.G. & B.Q.H. en sorte que la distance G. H. soit pareille à G. F. afin que tout le zodiaque contienne 47 degrez, soit apres fait le demy cercle I. L. M. N. O. P. Q. diuisé en 6 parties esgales, soit apres des poincts des diuisions tirées des lignes perpendiculaires sur la ligne L. Q. lesquelles seront marquées R. S.T.V.X. & des poincts desdites lettres soient tirées les autres lignes du zodiaque, à sçauoir de B. à la section desdites lettres, & iusques sur la ligne F.G.H. ainsi l'on aura le plan ignographique desdits douze signes du zodiaque.

Construction des 12 signes du Zodiaque aux horloges orisontales.

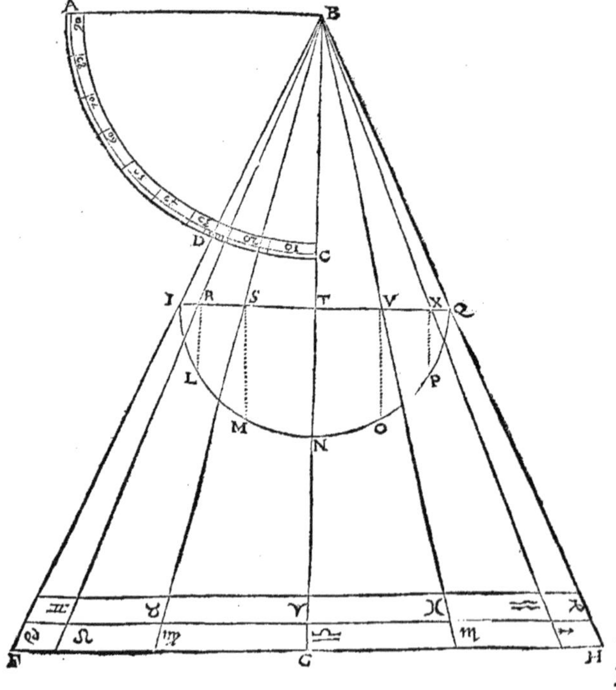

Apres soit fait vn autre petit quart de cercle A.B.C. qui sera diuisé en 6 parties esgales, & d'icelles soient tirées les lignes des heures sur la ligne C. D. comme a esté enseigné en la 6me proposition. Soit apres transposé le triangle du zodiaque cy-dessus B. F. G. H. bien iustement en la figure A. B. C. cy dessoubs, auec les lignes des 12. signes dudit zodiaque, soit apres fait vn petit triangle gnomonique F. G. H. sur telle esleuation du pole où l'on voudra que l'horloge serue, soit cestuy-cy sur les 48. degrez ½ d'esleuation comme la precedente, & faut faire en sorte que le demy diametre A. C. puisse estre rapporté audit petit triangle, en sorte que ladite longueur A. C. soit esgale à G. H. qui est la ligne paralelle à l'esquateur, & F. G. sera l'axe du monde, & F. H. l'orison, comme a esté enseigné en la proposition. Soit doncques posee la longueur G. H. sur la ligne equinoxiale

Deuxiesme figure du Zodiaque, où les longueurs des ombres des heures trauersent les 12 signes dudit Zodiaque.

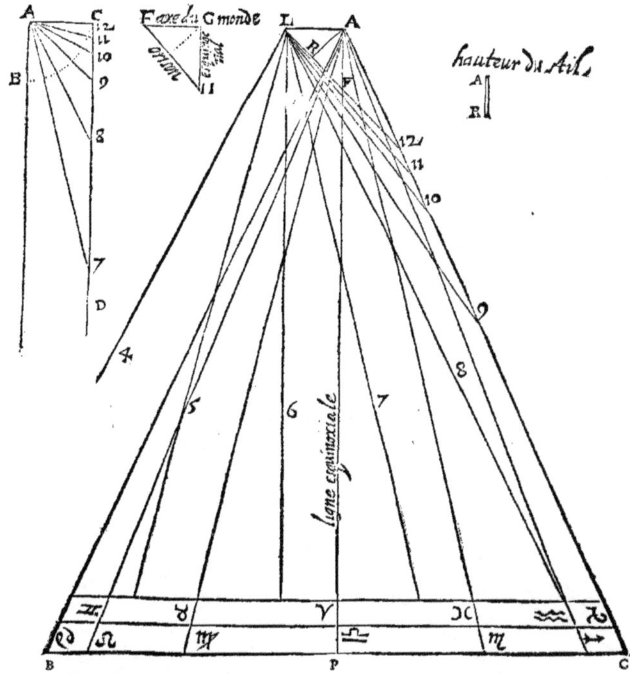

A. P. aux poincts A. F. & G. F. vers A. L. & F. H. vers L. F. soit apres prolongé L. F. vers la ligne de Capricorne, laquelle sera la ligne des longueurs des ombres de midy que donnera la pointe du gnomon quand le Soleil sera à quelqu'vn desdits 12 signes, apres l'on prendra la longueur au petit quart de cercle depuis A. iusques au poinct au poinct de vnze heures qui est sur la ligne C. D. & mettre ladite longueur sur la ligne equinoxiale A. P. mettant vn des pieds du compas sur A. & l'autre vn peu plus bas que F. puis tirer vne ligne de L. passant par le susdit poinct vn peu plus bas que F. iusques à la ligne de Capricorne, & marquer 11. heures sur ladite ligne. Apres faut prendre (sur le petit quart de cercle) la ligne A. 10. & la mettre encore sur la ligne A. P. en mesme façon comme la precedente, puis tirer la ligne de 10. heures iusques audit tropique, & faire ainsi des autres heures. Et quant à la ligne de 6. heures, elle doit estre paralelle à A. P. tout ainsi comme elle est paralelle à C. D. & pour la ligne de 5. heures de matin, elle doit estre esloignée de celle de 6 heures, comme ladite de 6. est esloignée de celle de 7.

Reste maintenant à faire le transport desdites ombres des heures sur l'horloge orisontale comme s'ensuit: Premierement ladite horloge sera faicte auec toutes les lignes des heures, comme a esté enseigné en la sixiesme proposition, apres l'on prendra la mesure de toutes les longueurs des ombres qui trauersent les 12 signes du zodiaque, commençant au poinct L. & où la ligne A. B. coupe L. F. faut prendre ladite distance, mettant vn pied du compas sur L. & l'autre pied sur ladite section, & rapporter ladite grandeur sur la ligne de 12 heures de ladite horloge,

Horloge Orisontale sur les 48 degrez ½ d'esleuation du pole, semblable à celle de la precedente Proposition.

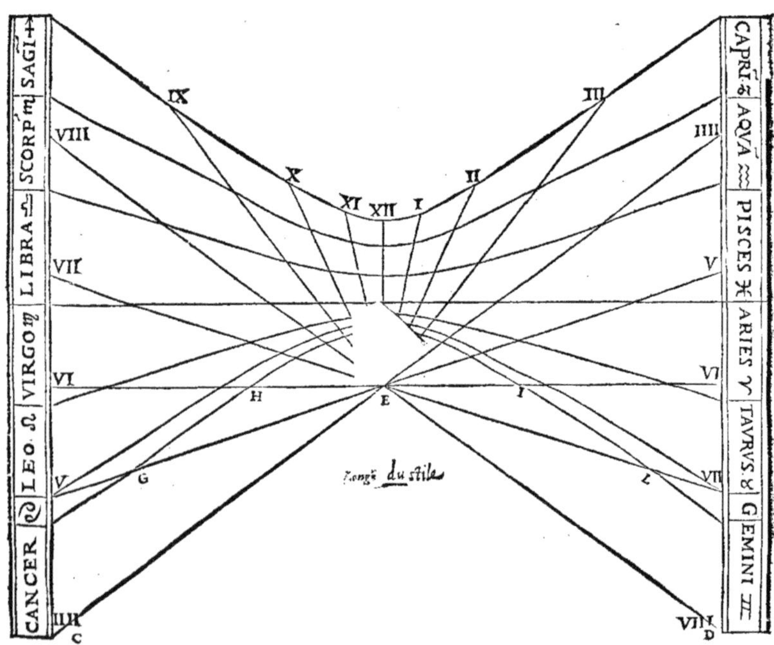

mettãt vn pied dudit compas sur E. & l'autre sur ladite ligne, & y faire vn poinct, apres faut mettre vn pied du compas au poinct L. de la deuxiesme figure du zodiaque, & où la ligne de 11. heures coupe ladite ligne de Cancer, faut mettre l'autre pied du compas, & rapporter ladite grandeur au plan de l'horloge, mettant vn pied dudit compas au poinct E. & l'autre sur la ligne de 11. heures, & aussi sur celle d'vne heure, & faire des poincts ausdites lignes, apres faut mettre encore ledit compas vn des pieds sur L. & l'autre où la ligne de 10 heures coupe celle de ♋ rapporter encore ladite grandeur sur les lignes de 10 heures & 2. heures de l'horloge, & faire ainsi des autres longueurs qui se trouuent sur ladite ligne de ♋ puis apres mener vne ligne courbe G. H. I. L. qui passera par lesdits poincts, ainsi le Soleil estant au tropique de ♋ l'ombre de la pointe du gnomon cheminera sur ladite ligne vn peu apres que le Soleil est leué iusques vn peu deuant qu'il se couche, apres l'on prendra toutes les autres longueurs des ombres aux autres signes, comme celle icy a esté prise, pour les rapporter sur ladite horloge.

Et pour la hauteur du gnomon ou stile, faut tirer vne perpendiculaire sur le costé F. H. du petit triangle gnomonique, & la longueur de ladite perpendiculaire sera la hauteur du stile, ou bien faire vn petit triangle gnomonique comme celuy de carton apposé sur ladite horloge.

Voila la construction de l'horloge orisontale auec les douze signes du Zodiaque, laquelle se rapporte du tout à la precedente proposition, quoy qu'elle aye esté faite par vn autre moyen : mais si l'on veut auoir les longueurs des ombres bien iustes sur lesdits 12 signes, l'on procedera par la precedente proposition, car celle icy est plus fautifve, à cause que la section des lignes des 12 signes de ceste presente proposition se fait auec des angles beaucoup plus aigues que la precedente, & ainsi il est mal-aisé de cognoistre iustement le poinct de la section d'vne ligne quand l'angle est fort aigu ou fort obtus. Faut à present monstrer la demonstration de tout ce que dessus.

Consideration pour tracer bien iustemẽt les 12 signes aux horloges orisontales.

Premierement l'angle B. de la premiere figure du zodiaque represente le centre du monde, & les lignes des 12 signes sont les ombres que iette ledit centre, comme a esté enseigné à la premiere proposition, & comme il se peut voir en ceste figure suiuante, car le soleil cheminant par la demie circonference superieure, iette l'ombre du poinct A. (ou centre du monde) en sa demie circonference inferieure. Ainsi lesdites lignes tirées en la premiere figure representent les rayons des ombres des 12 signes du zodiaque de ceste figure suiuante, comme ils seroient en la demie circonference inferieure, si tous lesdits signes estoient desseignez, mais de peur de confusion ie n'ay mis icy que les deux tropiques & la ligne equinoxiale.

Demonstration de la precedente proposition.

La ligne D. E. en ceste presente figure est l'orison, & B. A. G. l'axe du monde, & C. A. F. l'esquateur: Ainsi la figure inferieure A. L. M. est semblable à la premiere figure du zodiaque, qui represente le plan orthographique des 12 signes du zodiaque de la premiere proposition.

Ledit

Troisiesme figure, qui sert à la demonstration de la presente Proposition.

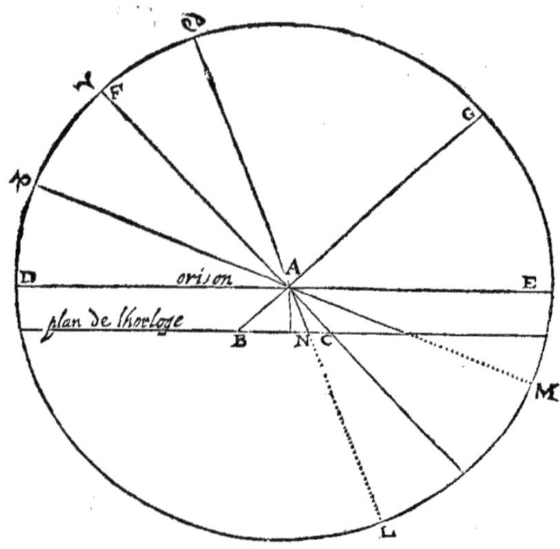

Ledit plan estant fait, l'on l'a rapporté en la deuxiesme figure à laquelle l'on a ioinct le triangle gnomonique L. A. F. en sorte que prolongeant L. F. vers 12. elle coupe tous les 12 signes en leur midy, tellement que le soleil estant aux signes de ♈. & ♎. l'ombre que fera l'angle A. du gnomon, donnera sur le poinct F. & sa longueur sur l'orison sera semblable à la ligne B. C. de la troisiesme figure, c'est pourpuoy ladite longueur a esté rapportée sur le plan orisontal de l'horloge; & quand le soleil est au tropique de Cancer à midy, l'ombre de l'angle A. donnera sur ladite L. F. ou ladite ligne de ♋ couppe ladite de 12 heures, laquelle est esgale à B. N. de la presente troisiesme figure: & ainsi la raison desdites longueurs des ombres se demonstrera par le rapport des figures, où i'ay encore adiousté les suiuantes en perspectiue, d'autant que l'esclaircissement de toutes ces demonstrations obscures & difficiles à escrire ne peuuent estre demonstrées sans vne exacte representation de plans en perspectiue, afin de donner l'intelligence des autres plans, & que les longueurs des ombres par la montée & descente du Soleil, soient cogneuës.

Soit doncques le plan en perspectiue qui represente la demie circonference que fait le Soleil quand il est au commencement d'Aries & Libra, marqué V. M. N. & que ledit plan soit fait comme le carton qui se leue suiuant l'esleuation de l'equinoxial demonstré en la 5. Proposition, par le moyen de deux petits gonds, sur lesquels ledit plan se leuera ou haussera. Le centre du monde sera marqué A. le plan orisontal de l'horloge sera marqué O. P. ainsi tirant vne ligne B. R. passant par le centre du monde & à droits angles du plan equinoxial, ce sera l'axe du monde: Apres soit imaginé le Soleil se leuer au poinct de l'orison V. & faisant 15.

degrez ſur ladite demie circonference, il ſera au poinct de 7. heures, alors l'ombre du centre du monde A. donnera ſur le plan de l'horloge O. P. au poinct H.

Figure en perſpectiue du plan de l'equinoxial eſleué ſur 41. degrez ½ de l'oriſon, qui ſert pour la demonſtration de la preſente Propoſition.

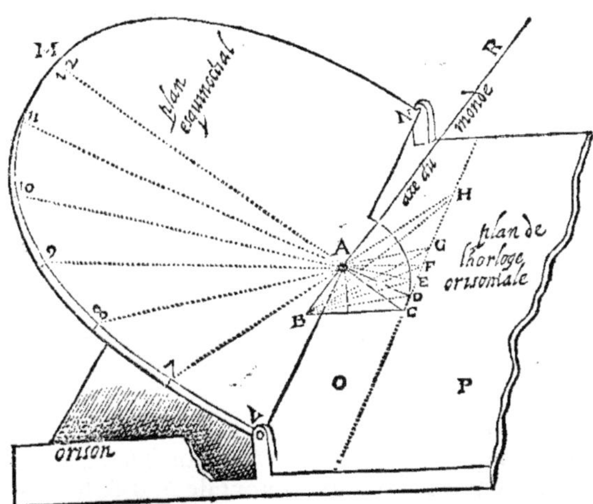

Autre figure en perſpectiue des 12. ſignes du Zodiaque, qui ſert pour la demonſtration de la preſente Propoſition.

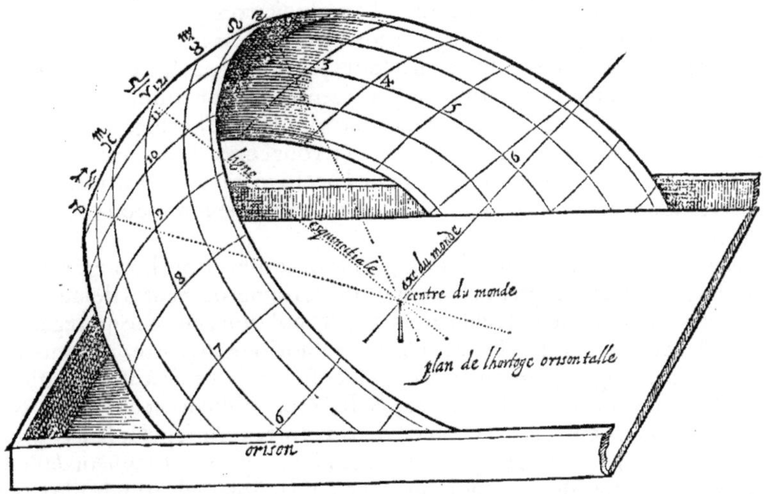

& apres le Soleil continuant ſon cours, & faiſant encores 15. degrez, il ſe trouuera

uera ſur le poinct de 8. heures, & alors l'ombre du centre du monde A. donnera ſur G. Et ainſi continuant à marquer leſdites diſtances des heures & des ombres, l'on tirera apres des lignes du poinct B. aux poincts deſdites diſtances H. G. F. E. D. C. ainſi l'on aura le plan ignographique des ombres deſdites heures, quand le Soleil eſt en l'equinoxial : & par ladite figure l'on peut comprendre la demonſtration des longueurs des ombres qui ſont au triangle A. B. C. de la 2. figure ſur la ligne A. P.

L'autre figure en perſpectiue de la largeur du Zodiaque, monſtre encores comme les ombres ſe racourciſſent quand le Soleil monte ou deſcend aux autres ſignes du Zodiaque.

PROPOSITION XVIII.

Pour faire vne horloge verticale où les 12. ſignes du Zodiaque ſeront deſſeignez ſur les 48. degrez ½ d'eſleuation du Pole.

POVR bien donner à entendre & demonſtrer à deſſeigner les 12. ſignes aux horloges verticales, nous commencerons premierement à monſtrer les longueurs des ombres du ſtile dreſſé ſur l'horloge verticale, quand le Soleil eſt au tropique de Cancer. Afin que ceſte demonſtration puiſſe ſeruir pour les autres, ſoit doncques tirée la ligne oriſontale A. B. & le demy cercle A.C.B. du centre duquel ſera dreſſée la ligne verticale F. C. Apres ſera deſſeigné ledit tropique de Cancer, & ſur iceluy ſoit fait la partie de cercle D. E. L. qui ſera diuiſée comme a eſté enſeigné en la ſeizieſme Propoſition, & des poincts des diuiſions ſeront tirées des paralelles ſur la ligne dudit tropique, & encores deſdits poincts dudit tropique ſeront tirées des autres paralelles à la verticale ſur la partie de cercle D. C. B. & des poincts où leſdites paralelles touchent ladite partie de cercle ſeront tirées les lignes paſſantes par le centre du monde dont les cinq (qui ſont marquées 8. 9. 10. 11. 12.) donneront contre le plan de l'horloge qui regarde le midy, & les trois autres, ſçauoir 7. 6. 5. donneront contre l'autre plan qui regarde le Septentrion. Quant audit plan de l'horloge, faut qu'il ſoit paralelle à la ligne verticale, & autant eſloignée du centre du monde comme on voudra que le ſtile aye de longueur.

Faut apres faire le rapport des longueurs des ombres ſur l'horloge verticale en ceſte façon : L'on fera premierement toutes les lignes des heures de ladite horloge verticale, comme a eſté enſeigné à la 7. Propoſition, en celle qui regarde le midy, & apres prendre la diſtance qu'il y a de l'horloge au centre du monde, & faire vn petit triangle gnomonique, dont le coſté qui doit eſtre à droict angle ſur ladite horloge ſoit de pareille diſtance, & ledit triangle ſera fait de carton, & le coſté vertical ſera collé ſur la diſtance A. B. de ſorte qu'il ſe puiſſe leuer à droits angles ſur le papier. Soit apres pris la diſtance H. 12. (qui eſt la longueur de l'ombre que fait la pointe dudit triangle ou ſtile quand le Soleil eſt au midy) du tropique de Cancer, & icelle grandeur ſera poſée ſur l'horloge verticale, mettant vn pied du compas ſur B. & l'autre ſur 12. Apres ſera priſe encores la grandeur du poinct H. au poinct de 11. heures, & rapporter ladite grandeur à l'horloge verticale, mettant vn des pieds du compas ſur B. & l'autre ſur la ligne de 11. heures, & y marquer vn poinct & en faire le meſme ſur la ligne de 1. heure: car le triangle ou ſtile rendra vne pareille longueur d'ombre (aux horloges regulieres) à vne heure apres midy comme à vne heure auant midy, qui eſt 11. heures: & ainſi toutes les autres longueurs des ombres ſeront meſurées & poſées en la ligne du tropique de Cancer ſur ladite horloge. Faut apres tirer ladite ligne qui paſſera ſur leſdits poincts, comme a eſté enſeigné en l'horloge oriſontale.

Premiere figure, où les longueurs des ombres ſont deſſignées, pour ſeruir au tropique de Cancer de l'horloge verticale.

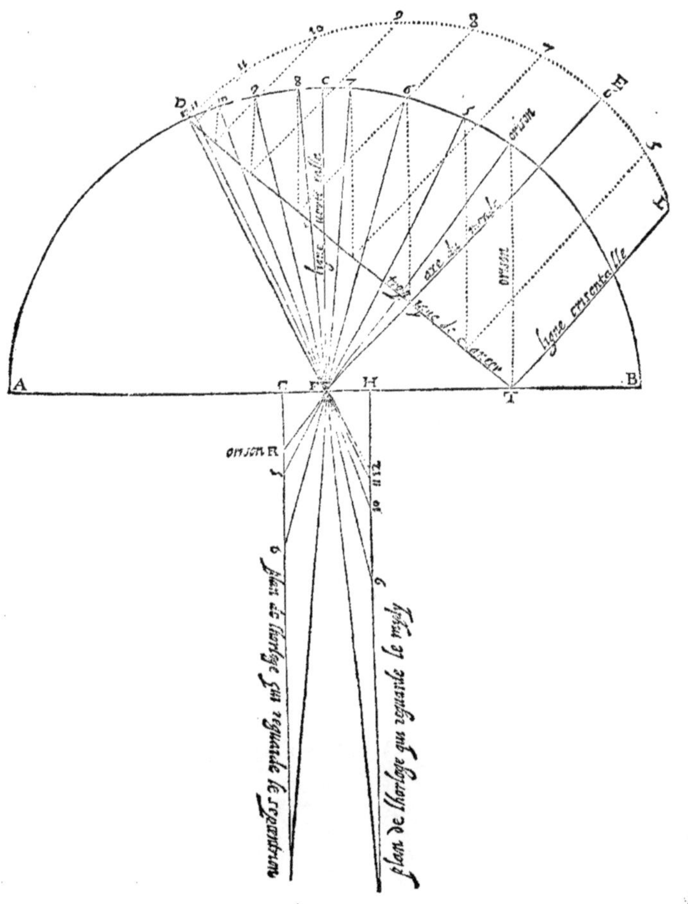

Apres

Apres l'on fera ceste deuxiesme figure pour les signes de ♊ & ♌ procedant comme en la premiere, & se fera le rapport des longueurs des ombres sur la mesme horloge verticale qui regarde le midy, comme a esté enseigné : & de ceste troisiesme figure encores où les signes du Taureau & de la Vierge sont desseignez, dont le rapport s'en fera encores.

Deuxiesme figure pour trouuer les longueurs des ombres, quand le Soleil est aux signes des Gemeaux & du Lyon.

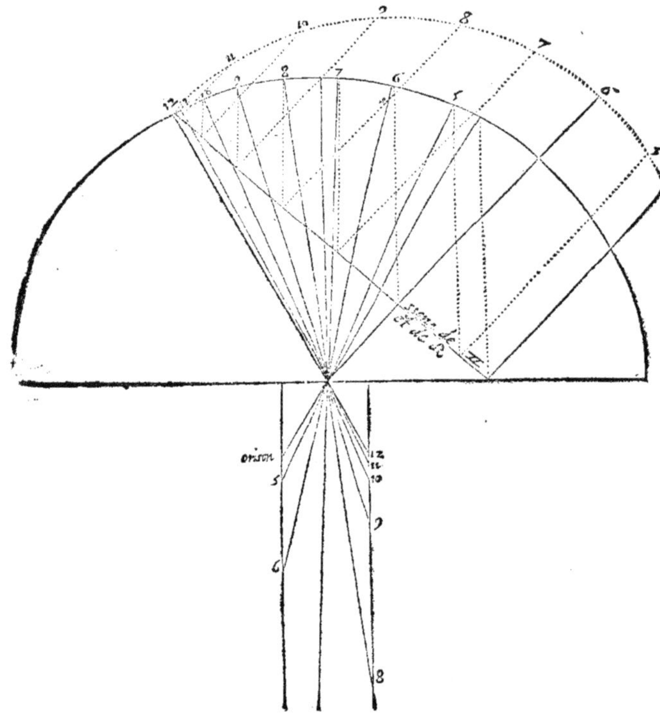

N

Troisiesme figure où les longueurs des ombres des signes du Taureau & de la Vierge sont desseignées.

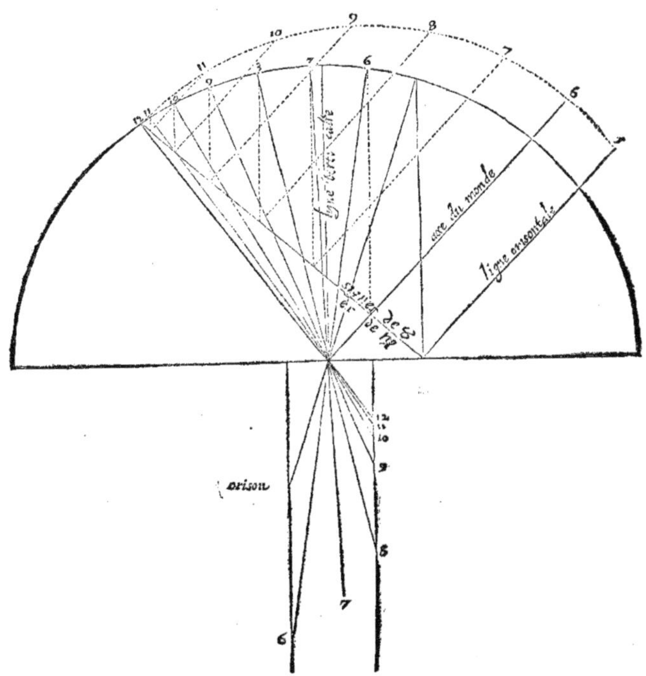

Et afin d'esuiter quantité de figures pour le reste des autres signes, ie mettray la suiuante qui est generale pour tout ce qui depend de la verticale qui regarde le midy, dont le rapport des ombres se mesurera comme a esté enseigné cy dessus.

Quatriesme figure generale pour trouuer toutes les longueurs des ombres en l'horloge verticale qui regarde le midy.

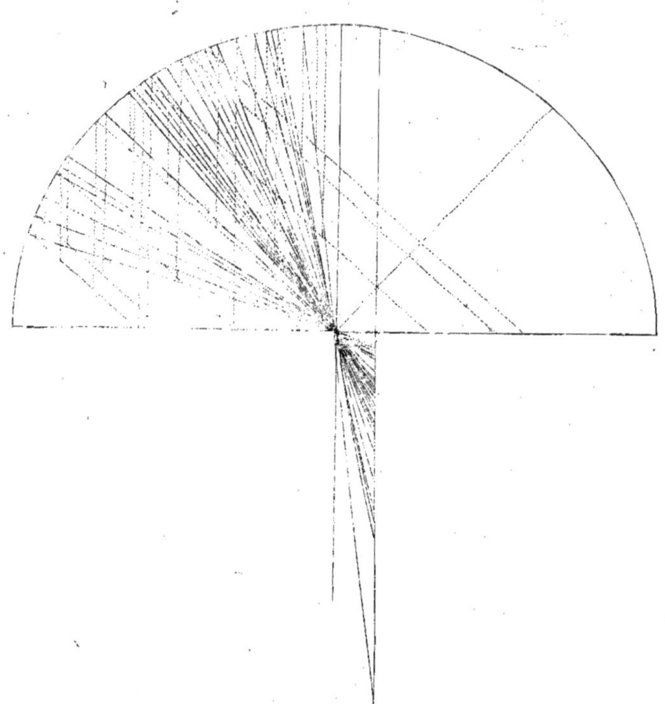

Cinquiesme figure de la construction de l'horloge verticale qui regarde le midy.

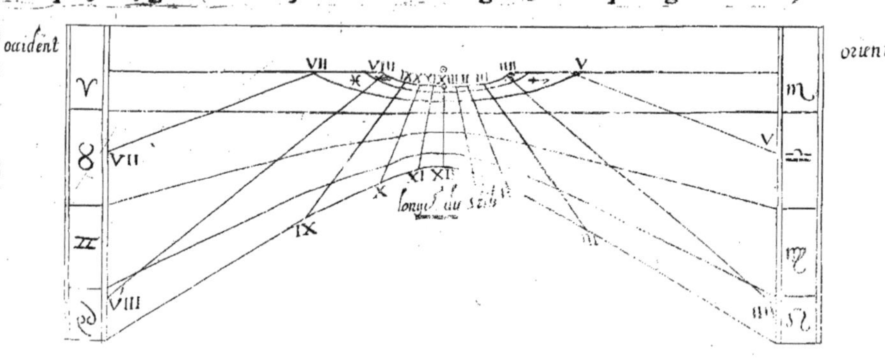

Faut à present demonstrer la raison desdites ombres, & comme elles se forment contre les plans susdits : & pour cest effect faut dresser la figure suiuante faite de carton. Premierement, le demy cercle vertical sera dressé verticalement sur le liure, & semblablement le plan meridien : Apres l'on abaissera le plan du tropique de Cancer en sorte qu'il puisse estre posé sur le bord dudit tropique qui

Demonstration de l'horloge verticale auec les 12 signes du Zodiaque.

Figure pour seruir à la demonstration de l'horloge verticale precedente.

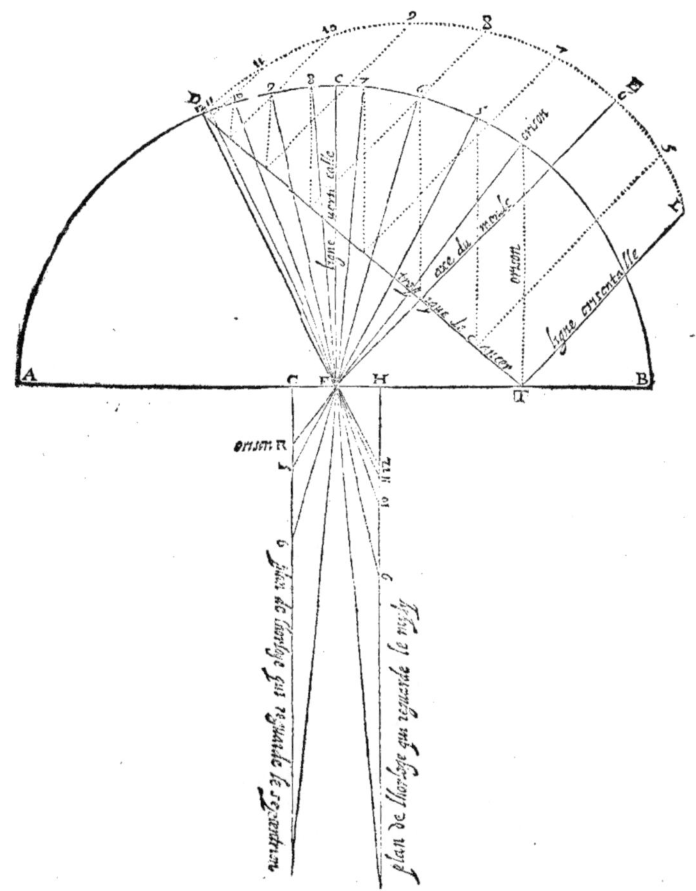

est au plan meridien, & faut dresser encores le reste du plan meridien qui regarde le midy, marqué C. Faut encores poser le reste du plan du tropique de Cancer du costé qui regarde le Septentrion, & dresser encores le reste du plan meridien

dien du costé septentrionnal, marqué D. Apres que ceste figure sera ainsi posée, l'on y peut voir les diuisions des heures: Premierement en la section où le tropique de Cancer coupe le plan meridien, sera le poinct de midy, comme a esté monstré cy deuant: Doncques dudit poinct l'on marquera le poinct de 11. heures distant de quinze degrez dudit poinct de midy, ou bien de la 24. partie de la circonference du cercle dudit tropique; & dudit poinct de 11. heures sera tirée vne paralelle du demy cercle vertical & du poinct où ladite ligne coupe le plan meridien C. sera dressée vne autre paralelle audit demy cercle vertical, & sur le bord de la circonference dudit plan sera marqué le poinct de 11. heures. Doncques si l'on tire vne ligne dudit poinct iusques au centre du monde B. elle sera esgale à celle qui sera tirée du poinct de 11. heures qui est sur le bord du tropique de Cancer, d'autant que ledit bord dudit tropique est partie de la rotondité de la Sphere dont le centre du monde B. est centre, & aussi le bord du plan meridien est aussi partie de la mesme rotondité de ladite Sphere: Tellement que tous les bords desdits cercles & plans sont vn centre commun & sur mesmes distances. Apres le poinct de 11. heures qui est sur le bord du meridien C. est de pareille distance du demy cercle vertical comme le poinct de 11. heures qui est sur le tropique de Cancer. Tellement que si on tire vne ligne du poinct de 11. heures du meridien C. au centre du monde, elle sera de mesme longueur que l'autre qui est sur le bord du tropique de Cancer, & aussi de semblable distance du demy cercle vertical, & ainsi l'ombre que fera le centre du monde sur quelque plan que ce soit paralelle au cercle vertical de l'vn desdits poincts de 11. heures sera esgal à l'autre par la 30. 31. & 32. de l'vnziesme d'Euclide, & les autres poincts des heures se demonstreront par le mesme moyen.

Apres auoir bien compris les ombres que fait le centre du monde quand le Soleil est au tropique de Cancer, par ceste figure qui represente vne partie de la Sphere, nous viendrons à faire la comparaison des lignes paralelles qui sont sur les plans de ceste-cy auec ceux de la premiere figure de la presente Proposition.

Comparaison de la figure en carton auec la premiere figure du tropique de Cancer.

Le plan du tropique de Cancer de ceste figure est esgal au plan du tropique de Cancer de la premiere figure, & aussi les distances des heures & paralelles sont esgales à l'vne comme à l'autre: la ligne sur laquelle repose le meridien C. & D. où tombent toutes les paralelles des heures, est esgale à D. T. de la premiere figure où tombent aussi les semblables paralelles: les autres paralelles qui sont sur le plan meridien C. & D. de la presente figure, dressées paralelles au cercle vertical, sont semblables à celles qui sont dressées sur la ligne D. T. paralelles à la ligne verticale F. C. les rayons qui pourroient estre tirez des poincts des heures qui sont sur le bord du plan meridien, sur le plan de l'horloge, passans par le centre du monde, seroient semblables aux rayons de ladite premiere figure, comme a esté desia demonstré.

Premiere ſigure pour trouuer les longueurs des ombres, quand le Soleil eſt au tropique de Cancer, qui eſt encores rapportée icy pour en faire la comparaiſon auec la figure en carton.

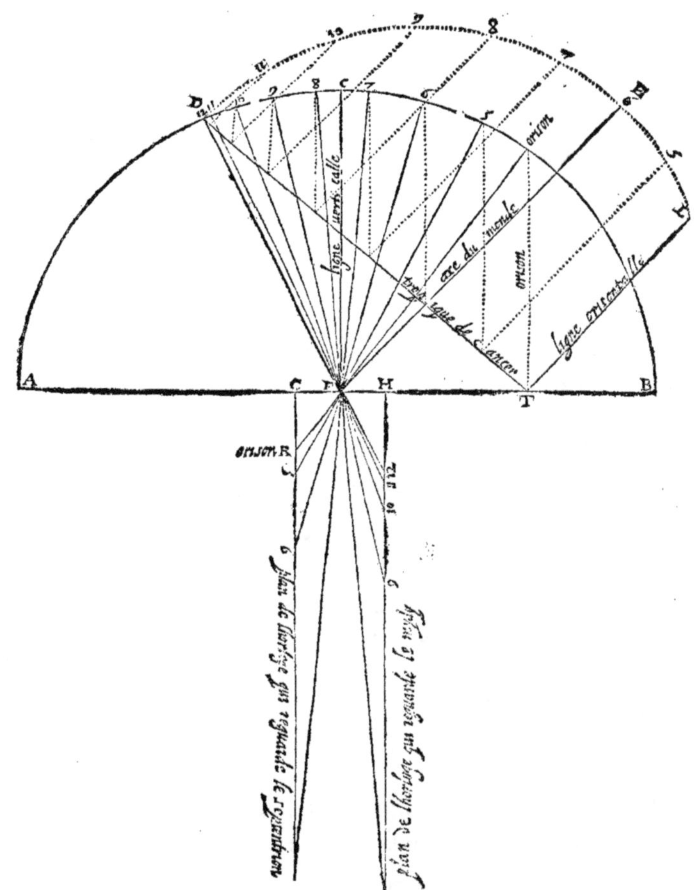

Reſte à monſtrer le coſté de l'horloge verticale qui regarde le Septentrion, & comme on doit faire le rapport des longueurs des ombres des heures du matin & du ſoir entre l'equinoxe d'Aries & celle de Libra : car quand le Soleil monte en la ligne écliptique & qu'il a paſſé le premier degré d'Aries, il ſe leue du coſté du demy cercle vertical, & ſe couche à l'oppoſite d'où il ſe leue ; tellement que quand il arriue au tropique de Cancer, il ſe leue vn peu apres les 4 heures, & à 7 heures

heures 35 minutes, il coupe le demy cercle vertical, tellement qu'il se monstre trois heures & demie le matin en la face de l'horloge qui regarde le Septentrion, & autant le soir. Le rapport des longueurs des ombres se fera en ceste façon.

Soit premierement faite l'horloge verticale qui regarde le Septentrion comme en la 7. Proposition, & y soit adiousté les lignes de 7 heures de matin & 5 heures de soir: soit apres fait le petit triangle gnomonique, en sorte que le costé qui doit estre esleué perpendiculaire contre le plan de l'horloge soit de pareille grandeur comme G. F. & soit ledit triangle posé sur la ligne A. B. de l'horloge verticale Septentrionnale suiuante: apres l'on tirera la ligne C. D. passante par le poinct B. laquelle represente l'orison: Et quand le Soleil se leuera estant au tropique de Cancer, comme il se peut voir en la premiere figure, alors la longueur de l'ombre sera G. R. Ainsi l'on rapportera ladite grandeur sur la ligne orisontale de l'horloge au poinct E. quand le Soleil se leue, & F. quand il se couche. Apres l'on prendra sur la figure premiere de la longueur des ombres la grandeur G. S. & soit posée ladite grandeur, sçauoir vn des pieds du compas sur le poinct B. & l'autre sur la ligne de 5 heures de matin, & 7 heures de soir: & où ladite grandeur coupe lesdites lignes, faire des poincts & acheuer de prendre lesdites grandeurs des ombres en ceste façon sur les autres figures, puis faut tirer les lignes des signes passans par lesdits poincts, comme il se peut voir en ceste figure.

Horloge verticale qui regarde le Septentrion, où les cinq signes de l'Esté sont desseignez.

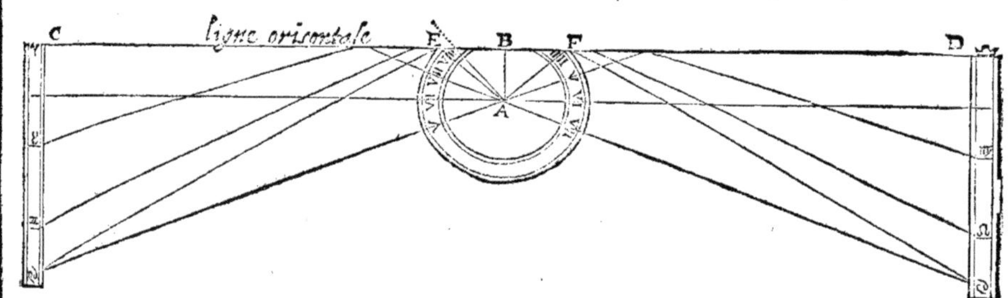

La demonstration de ceste susdite horloge se fera tout ainsi comme la precedente qui regarde le midy, & sur la mesme figure de carton.

PROPOSITION XIX.

Autre façon de construire les 12. signes en l'horloge verticale.

TOUT ainsi comme la construction de l'horloge orisontale en la 16. Proposition a esté abregée par la 17. semblablement ceste Proposition abregera la precedente, & la demonstration s'en fera comme de la 17. changeant seulement le triangle gnomonique comme a esté monstré en la 7. Proposition, de sorte que le costé qui a seruy à la 17 Proposition pour l'axe du monde puiſſe ſeruir en celle icy pour l'equinoxial, & l'equinoxial de celle icy ſeruira d'axe du monde en la 17. & la raiſon de ce changement vient à cauſe que ce qui eſt oriſontal en l'vne eſt vertical en l'autre, & auſſi qu'il faut que le coſté de l'axe du monde ſoit de pareille eſleuation de l'oriſon aux horloges verticales comme aux horiſontales. Le rapport auſſi des longueurs des ombres ſe prendra du poinct A aux poincts qui coupent le Zodiaque, comme a eſté enſeigné en la 17. & les faudra rapporter ſur l'horloge qui ſera premierement faite, comme a eſté demonſtré en la 7. Propoſition, puis le rapport des longueurs des ombres ſe fera deſſus comme a eſté dit.

Plan ortografique du Zodiaque où les longueurs des ombres verticales des heures trauerſent les 12. ſignes.

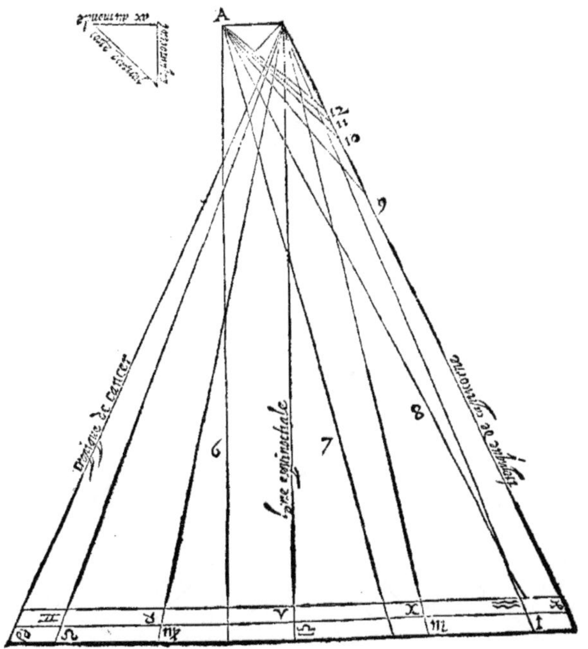

PROPOSITION

PROPOSITION XX.

Pour faire vne horloge Meridienne sur les 48. degrez & demy d'esleuation du pole où les 12. signes du Zodiaque seront desseignez.

PREMIEREMENT ladite horloge sera faite comme a esté enseigné à la 8. Proposition; Et pour y desseigner les 12 signes du Zodiaque sera procedé comme s'ensuit. Soit le cercle du firmament A. B. C. D. & la ligne orisontale E. F. le pole au point B. sera esleué de 48 degrez ½ & par consequent la ligne equinoxiale C. A. de 41 degré ½: & pour euiter confusion qui pourroit arriuer par la multitude de lignes (qui se confondroient les vnes auec les autres) nous demonstrerons premierement en ceste figure les ombres que fait le bout du sti-

Premiere figure de l'horloge meridienne, pour le tropique de Capricorne

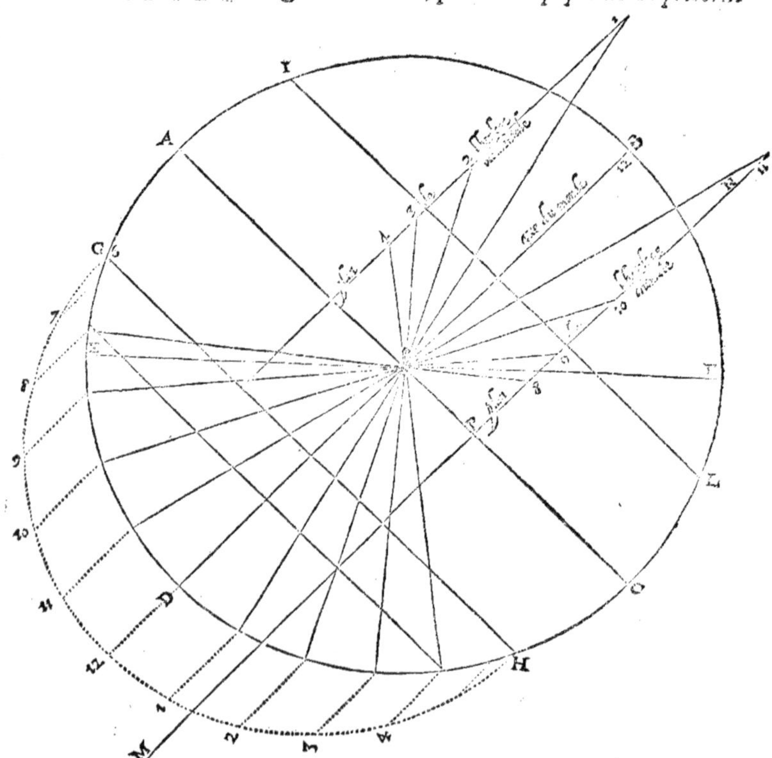

le ou centre du monde sur le plan de l'horloge quand le Soleil est au tropique de Capricorne, pour apres demonstrer le reste des signes plus facilement. Soit donques ladite ligne G.H. du tropique de Capricorne sur laquelle sera fait le demy cercle G. 7. 8. 9. 10. 11. 12. H. lequel sera diuisé en 12 parties esgales, & des poincts des diuisions seront tirées des paralelles sur la circonference du firmament. Soit apres pris la hauteur du stile en l'horloge de la 8. Proposition laquelle sera icy posée pour la hauteur du stile à la ligne O. P. & le plan Oriental de l'horloge sera P. N. sur lequel les ombres se mesureront, apres l'on tirera les lignes des ombres des poincts où les paralelles coupent la circonference D. G. lesquelles passeront par le centre du monde O. & donneront sur ledit plan de l'horloge P. N. lesquelles apres seront rapportées sur l'horloge meridienne, comme s'ensuit. L'on prendra la grandeur P. 8. qui est la longueur de l'ombre que donne le bout du stile O. sur le plan quand le Soleil se leue à 8 heures entrant au tropique de Capricorne, & on mettra ladite grandeur en la 3. figure, sçauoir vn pied du compas sur le poinct A. où se pose le stile, & l'autre pied sur le costé de haut de la ligne de viij. heures: apres l'on prendra la grandeur P. 9. de la premiere figure pour la mettre encores en la 3. sçauoir vn des pieds sur le poinct A. & l'autre sur le haut de la ligne de ix. heures, & faire ainsi des autres longueurs. Et pour l'horloge Occidentale en la 4. figure, l'on procedera comme dessus, faisant premierement ladite horloge comme a esté enseigné en la 9. Proposition, puis l'on fera le rapport des longueurs des ombres qui sont sur le plan de l'horloge Occidentale Q. I. procedantes dudit tropique de Capricorne.

Pour faire les autres signes sur ladite horloge l'on fera comme dessus, & comme en la 2. figure, faisant vn demy cercle sur chacun diametre desdits signes, puis tirant des paralelles sur la circonference du cercle du firmament, & des poincts où lesdites paralelles coupent ladite circonferēce, faut tirer les lignes des ombres sur le plan de l'horloge, puis en faire le rapport comme dessus; & ne sera besoin de tirer deux lignes des plans de l'horloge en ceste deuxiesme figure, d'autant que prenant la longueur de l'ombre d'onze heures pour la rapporter sur l'Orientale, la mesme longueur seruira pour vne heure en l'Occidentale, & la longueur de celle de 10 heures seruira pour celle de deux heures, & ainsi des autres.

Pour proceder à la demonstration de la premiere partie de ceste Proposition, est besoin de faire encores la figure suiuante toute semblable à la precedente, à laquelle on adioustera la partie du plan du tropique de Capricorne qui est dessus nostre orison, & pour cét effect l'on fera le plan ortografique du firmament de pareille grandeur que cestuy-cy, lequel sera representé en celuy de la premiere figure de la 16. Proposition où ladite ortografie dudit tropique est representée par la ligne G. H. faut donques mesurer la distance C. G. qui est sur la ligne de l'orison de ladite premiere figure, & la rapporter icy auec vn pareil esloignement du centre O. iusques en T. où commence ledit plan à s'esleuer sur l'orison: faut apres faire la partie dudit plan qui sort de l'orison en carton, & la poser sur ledit poinct T. paralelle à G. H. faut apres faire vn triangle de carton pareil à celuy de ladite premiere figure de la 16. Proposition G. H. B. & le poser souz le plan dudit tropique de Cancer, sçauoir le costé C. B. ioint à l'orison en sorte que le plan dudit tropique de Cancer repose iustement sur G. H. Estant donc ledit plan disposé de ceste façon, la demonstration sera facile d'estre entenduë: car le Soleil se leuant en R. fera que l'ombre du centre du monde O. donnera contre le plan oriental pres du poinct de 4 heures, & quand ledit Soleil aura cheminé sur le bord dudit plan au poinct de 5 heures de matin, alors tirant vne ligne droite dudit poinct sur le plan passant par le centre du monde, elle donnera au poinct de 5 heures contre ledit plan: & quand le Soleil sera iustement au midy, alors l'ombre du centre du monde ne

Demonstration des ombres des 12 signes du Zodiaque, aux horloges meridiennes.

de ne pourra plus donner sur ledit plan, car elle y sera paralelle: & apres que ledit Soleil aura passé le midy, alors l'ombre du centre du monde donnera contre le plan occidental. Voila comme on pourra comprendre la raison desdites ombres, quand le Soleil entre au tropique de Capricorne.

Figure pour la demonstration des ombres des heures quand le Soleil est au tropique de Capricorne.

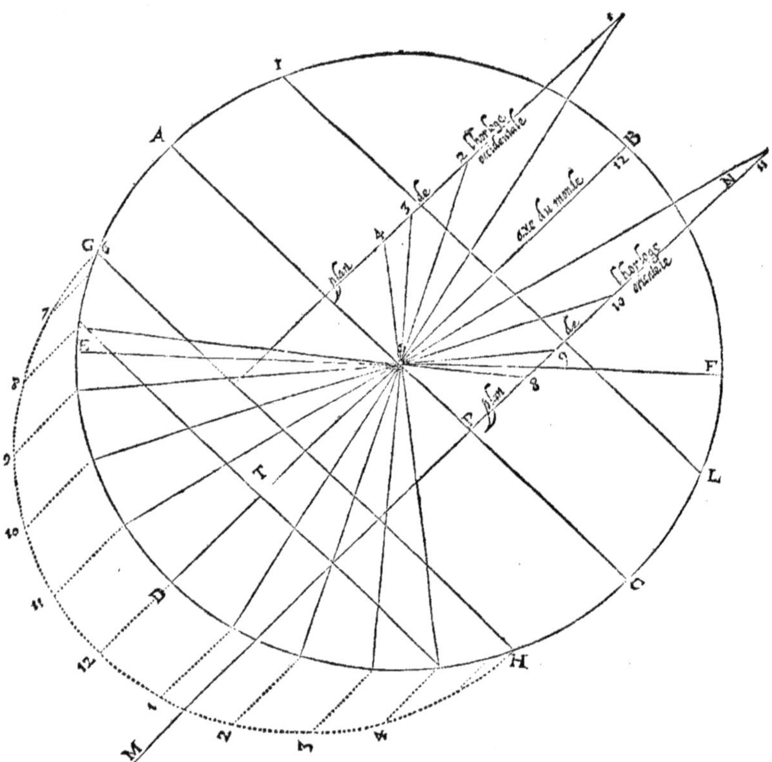

Ceste suiuante figure donnera à entendre la construction des ombres ausdites horloges quand le Soleil est au signe de Cancer. Soit donques fait le cercle du firmament comme en la precedente figure, auec les lignes de l'axe du monde, de l'equinoxial, & du tropique de Cancer C. D. soit apres fait la ligne A. B. laquelle sera prise sur le plan orthografique de la premiere figure de la 16. Proposition tout ainsi comme on a fait à la precedente pour le tropique de Capricorne & la mettre sur la largeur x. 12. apres faut tirer deux lignes paralelles à la ligne equinoxiale qui passeront iustement où ladite ligne A. B. touche la circonference du cercle du firmament, & prolonger lesdites lignes hors le cercle iusqu'à ce qu'elles touchent la circonference du cercle de Cancer, & où elles toucheront seront les poincts du leuer & coucher du Soleil, comme sera cy apres demonstré. Soit donques di-

Constructio pour le tropique de Cancer.

uisé le demy cercle dudit tropique de Cancer en douze parties esgales, & les parties dudit tropique qui sont hors le firmament seront encores diuisées iusques aux poincts du leuer & coucher du Soleil : apres faut tirer les paralelles des poincts des heures dudit cercle de Cancer iusqu'au cercle du firmament, & où elles toucheront la circonference faut tirer les rayons des ombres comme a esté fait à la precedente figure, puis en faire le rapport sur les deux parties de l'horloge meridienne, sçauoir les heures auant midy sur l'orientale, & celles d'apres midy sur l'occidentale.

Demonstration du tropique de Cancer.

La demonstration de cecy se fera comme a esté fait au tropique de Capricorne : car si l'on taille en vne piece de carton le plan du tropique de Cancer depuis le leuer du Soleil iusques à son coucher, & qu'il fust rapporté sur la ligne A. B. puis leué en son esleuation paralelle à celuy de Capricorne de la figure precedente, alors l'on pourra remarquer le cours du Soleil audit tropique, & voir comme ce plan icy est la vraye ignographie dudit tropique par les mesmes raisons de la precedente.

Deuxiesme figure du plan ignographique du tropique de Cancer, où sont desseignées les ombres orientales & occidentales des heures quand le Soleil est audit signe de Cancer.

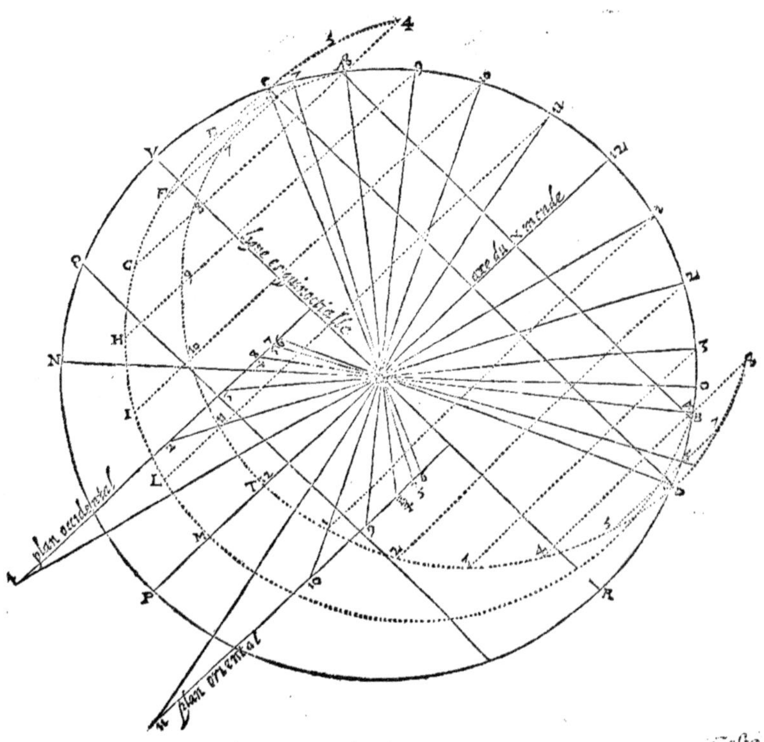

Ceste

Ceste figure suiuante est generale pour tous les autres signes, en sorte que les longueurs des ombres se trouueront en suiuant les regles cy dessus, & apres l'on en pourra faire le rapport ausdites horloges meridiennes, orientales & occidentales.

Plan ignographique où toutes les longueurs des ombres sont desseignées selon les signes du Zodiaque où le Soleil est.

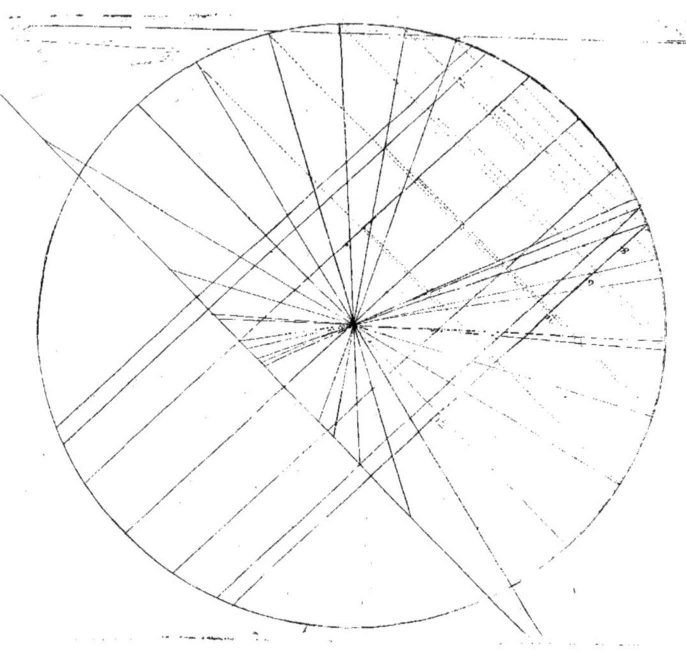

Troisiesme figure de l'horloge meridienne orientale à 48 degrez ½ d'esleuation, où les 12 signes du Zodiaque sont desseignez.

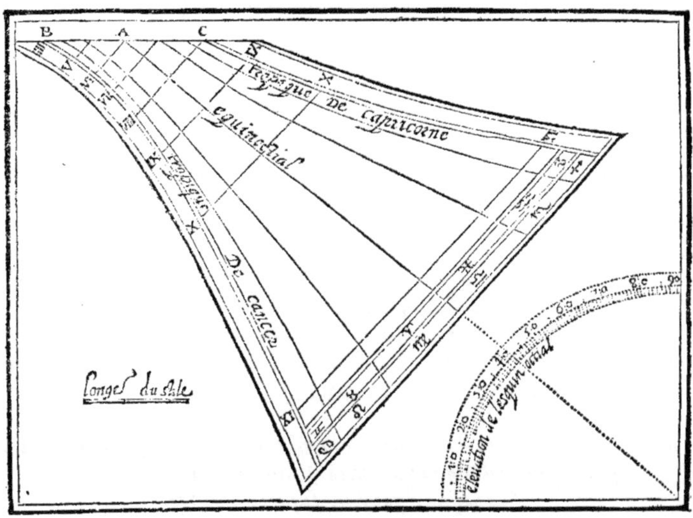

Horloge meridienne occidentale à 48 degrez ½ d'esleuation, où les 12 signes du Zodiaque sont desseignez.

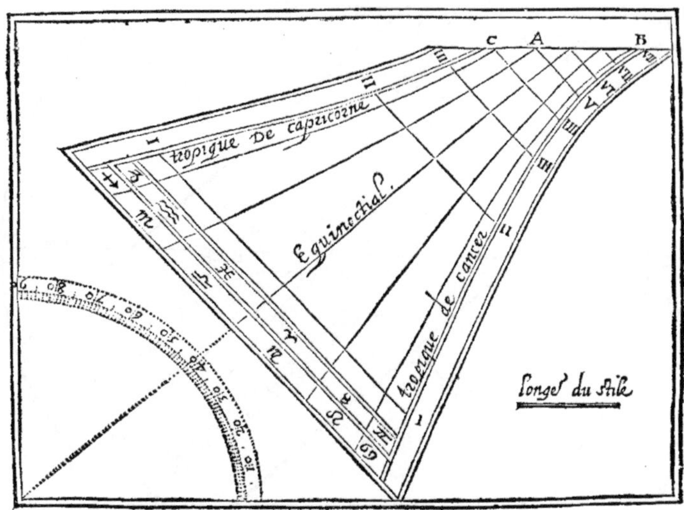

PROPOSITION

PROPOSITION XXI.

Pour faire vne horloge equinoxiale sur les 48 degrez ½ d'esleuation du pole, où les 12 signes du Zodiaque seront desseignez.

SOIT fait le cercle du firmament D.E.A.C.F.B. l'orison E.F. l'axe du monde D.C. esleué de 48 degrez ½ de l'orison, & la ligne equinoxiale A.B. esleuée de 41 degrez ½ de l'orison: Soit du poinct A. pris la distance A. 1 de 23 degrez ½ pour y mettre le tropique de Cancer, & aussi A. N. de pareille grandeur pour le tropique de Capricorne, & soit fait le cercle N.S.I. passant par les deux tropiques de N.I. lequel sera diuisé en 6 parties esgales, comme a esté monstré à la 1. Proposition, puis tirer des paralleles à S. A. iusques sur la circonference du firmament, & apres faut faire la hauteur du stile à volonté, lequel sera icy R. O. pour l'horloge estiuale, & R. P. pour l'hyuernale. Soient faits aussi les plans de ladite horloge paralleles à l'equinoxial, puis des poincts des signes qui sont sur la circonference du firmament l'on tirera les lignes passantes par le centre du monde R. iusques sur lesdits plans des horloges.

Plan orthografique où les longueurs des ombres sont desseignez (sur les deux plans paralleles à l'equinoxial) suiuant les 12 signes du Zodiaque, pour la susdite horloge.

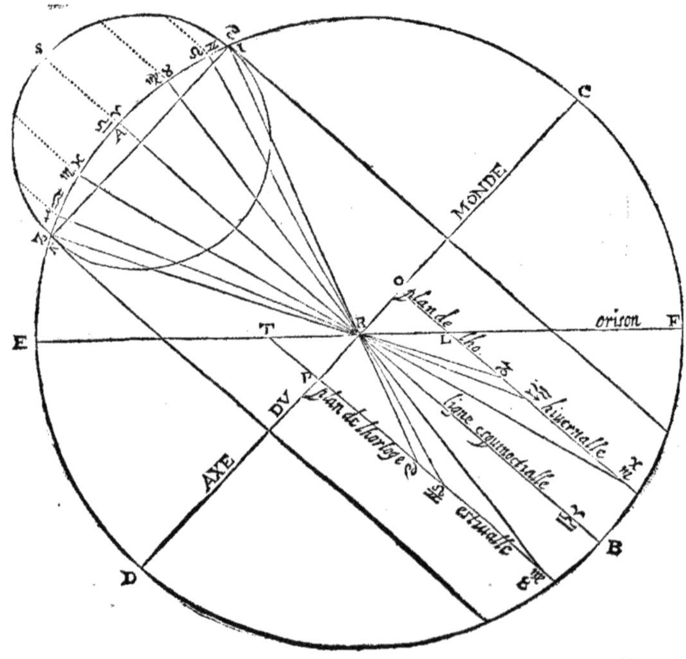

Apres auoir les longueurs des ombres pour ceste horloge equinoxiale, nous desseignerons ladite horloge, sçauoir vn plan pour le Printemps & l'Esté, & l'autre pour l'Automne & l'Hyuer, comme a esté enseigné à la 10. Proposition. Apres l'on prendra la longueur de l'ombre qui est au susdit plan du poinct P. au poinct ♋, puis mettre vn des pieds du compas sur le poinct v. de l'horloge estiuale suiuante, & de l'autre faire l'arc diurnal A.B.C. en sorte que les poincts A. & C. soient posez sur les lignes D.A.C.E. & faut que lesdites lignes soient paralleles à la ligne equinoxiale ou de 6 heures, & autant esloignées d'icelle comme la ligne P.T. qui est au bout du plan de l'horloge estiuale. Soit apres prise la grandeur P. ♌ & en faire autant. Pour les signes de ♌ & ♊, faut encores prendre la grandeur P. ♍, & en faire encores le rapport sur ladite horloge à la section de cercle D. ♍ ♉ E.

Arc diurnal est la partie de circonferéce que fait le Soleil sur l'orison depuis son leuer jusques à son coucher.

Voila doncques pour les cinq signes de l'Esté, sçauoir Cancer Leo, Virgo, Taurus, Gemini. Quant à Aries & Libra, ils ne peuuent estre descrits en ladite horloge : d'autant que l'ombre de la pointe du stile ou centre du monde est parallele au plan de ladite horloge, & par consequent va à l'infiny sans s'arrester sur ledit plan : & incontinent que le Soleil sera passé l'equinoxe d'Automne, alors il commence à se monstrer en la partie de dessous de ladite horloge, comme il se peut voir au plan hyuernal de la figure precedente, où il faut prendre les longueurs des ombres pour en faire le rapport en la figure de dessous, ainsi comme a esté fait en celle de dessus, & ainsi les cinq autres signes du Zodiaque seront icy desseignez, sçauoir Scorpius, Sagitarius, Capricorne, Aquarius & Pisces.

Horloge equinoxiale superieure, où les signes du Zodiaque sont desseignez sur les 48 degrez ½ d'esleuation.

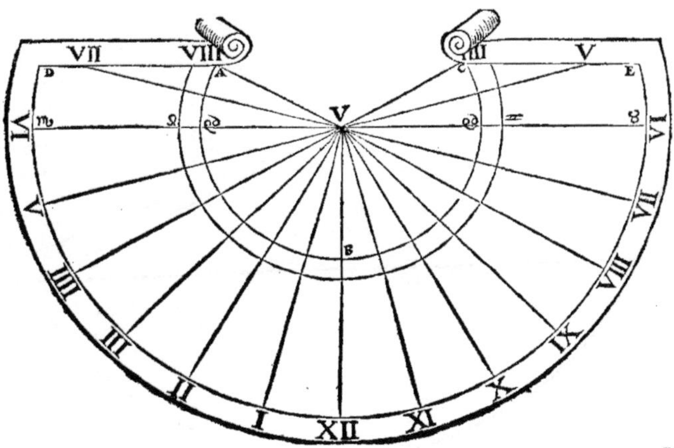

Horloge

Horloge equinoxiale inferieure, où les signes du Zodiaque sont desseignez.

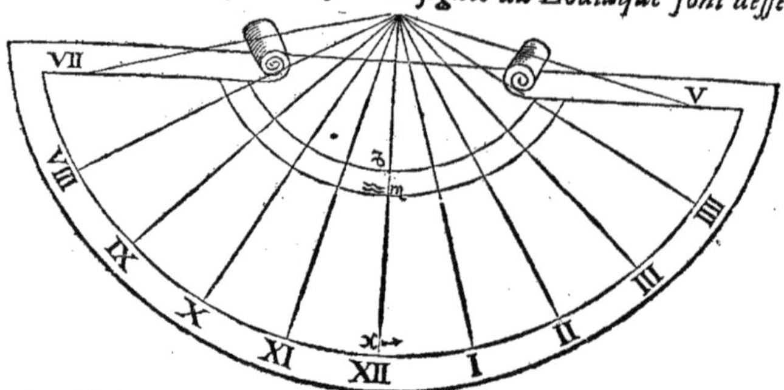

Reste à monstrer la raison de ceste Proposition, & pourquoy l'ombre des heures du leuer & coucher du Soleil est parallele à la ligne de 6 heures: car aux autres horloges lesdites ombres se courbent insensiblement, celles du costé estiual en haut, & celles du costé hyuernal en bas.

Demonstration des ombres de ladite Proposition.

Faut doncques faire les deux plans du firmament & des douze signes, sçauoir celuy de l'horthographie tel comme le precedent, & celuy de l'ignographie

Plan ignographique, qui sert à la demonstration de l'horloge equinoxiale.

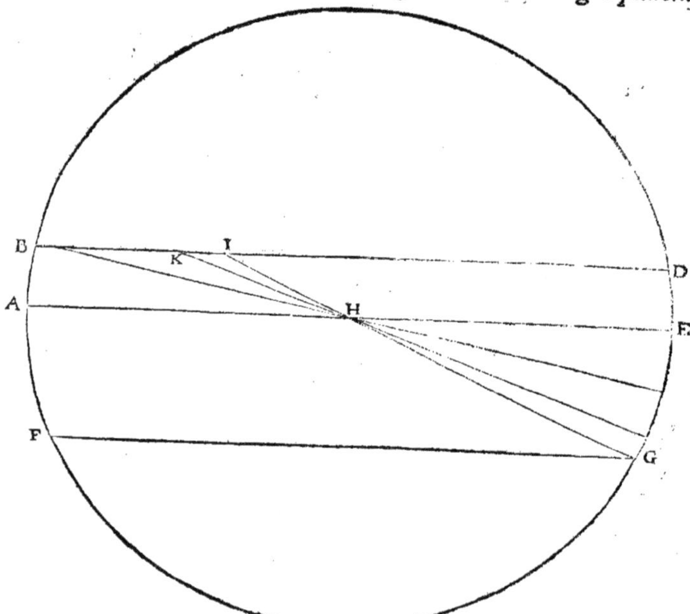

comme il est desseigné icy. Soit au premier le Soleil en l'orison au poinct M. (qui est le lieu où il se leue & couche quand il est au tropique de Cancer) il est certain que l'ombre du centre du monde donnera contre le plan estiual de l'horloge au poinct T. quand le Soleil se leue ou couche. Doncques du pied du stile marqué P. l'on mesurera la distance P.T. pour en faire le rapport au plan de l'ignographie, laquelle sera faite en ceste façon. Soit le plan du firmament D.E. G. F. A. B. & le plan du tropique de Cancer G. F. sçauoir se leuant en F. & se couchant en G. & du poinct G. soit tirée la ligne G. I. passante par le centre du monde H il est certain que la longueur de l'ombre au plan orthographique est P. T. & en ce plan de l'ignographie c'est H.I. car le pied du stile & le centre du monde sont icy au mesme poinct, d'autant que c'est vne ignographie où le pole est construit perpendiculaire sur le centre du monde dont H I. est esgale à P. ☋ sur laquelle a esté fait l'arc diurnal du cercle de Cancer, & ainsi ces lignes estans bien considerées on les trouuera se rapporter ensemble. Tous les autres signes se demonstreront par la mesme raison.

Et d'autant que c'est vne grande difficulté d'entendre ceste demonstration, & specialement pour monstrer comme le bout des ombres au leuer & coucher du Soleil se terminent toutes sur deux lignes paralleles à celle de 6 heures, sçauoir celles de l'horloge estiuale au dessus de ladite ligne de 6 heures, & celle de l'horloge hyuernale au bas de la mesme ligne: C'est pourquoy i'ay mis icy lesdites deux horloges sur vn carton qui se leue sur l'orison de la hauteur de l'equinoxial, sçauoir 41 degrez $\frac{1}{2}$, & considerant bien ceste figure, l'on pourra plus facilement entendre la demonstration.

Figure de carton de l'horloge equinoxiale à 48 degrez $\frac{1}{2}$ d'esleuation du pole, pour faciliter la demonstration de ceste Proposition.

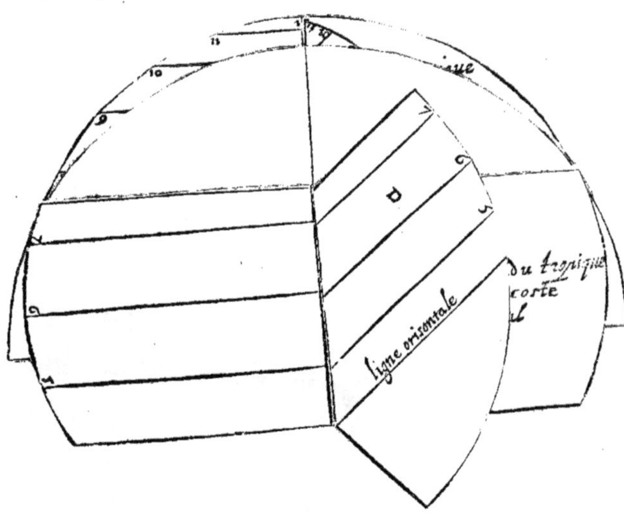

PROPOSITION

tain que l'ombre du centre du monde donnera contre le plan estiual de l'horloge au poinct T. quand le Soleil se leue ou couche. Doncques du pied du stile marqué P. l'on mesurera la distance P.T. pour en faire le rapport au plan de l'ignographie, laquelle sera faite en ceste façon. Soit le plan du firmament D.E. G. F. A. B. & le plan du tropique de Cancer G. F. sçauoir se leuant en F. & se couchant en G. & du poinct G. soit tirée la ligne G. I. passante par le centre du monde H il est certain que la longueur de l'ombre au plan orthographique est P. T. & en ce plan de l'ignographie c'est H. I. car le pied du stile & le centre du monde sont icy au mesme poinct, d'autant que c'est vne ignographie où le pole est construit perpendiculaire sur le centre du monde dont H I. est esgale à P. ♋ sur laquelle a esté fait l'arc diurnal du cercle de Cancer, & ainsi ces lignes estans bien considerées on les trouuera se rapporter ensemble. Tous les autres signes se demonstreront par la mesme raison.

Et d'autant que c'est vne grande difficulté d'entendre ceste demonstration, & specialement pour monstrer comme le bout des ombres au leuer & coucher du Soleil se terminent toutes sur deux lignes paralleles à celle de 6 heures, sçauoir celles de l'horloge estiuale au dessus de ladite ligne de 6 heures, & celle de l'horloge hyuernale au bas de la mesme ligne: C'est pourquoy i'ay mis icy lesdites deux horloges sur vn carton qui se leue sur l'orison de la hauteur de l'equinoxial, sçauoir 41 degrez $\frac{1}{2}$, & considerant bien ceste figure, l'on pourra plus facilement entendre la demonstration.

Figure de carton de l'horloge equinoxiale à 48 degrez $\frac{1}{2}$ d'esleuation du pole, pour faciliter la demonstration de ceste Proposition.

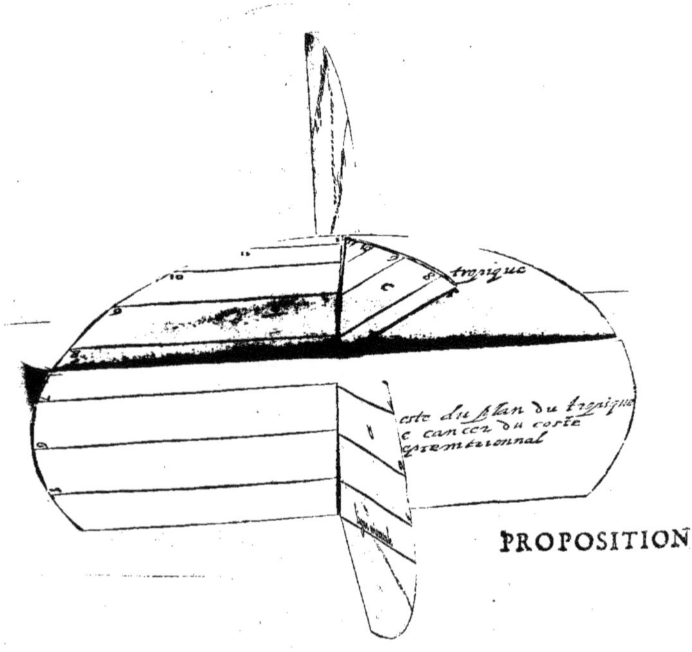

PROPOSITION

PROPOSITION XXII.

Pour desseigner les 12 signes du Zodiaque aux horloges polaires.

PREMIEREMENT, l'on fera ladite horloge suiuant la 10. Proposition, laquelle est sur les 48 degrez $\frac{1}{2}$ d'esleuation du pole : & pour y desseigner les 12 signes du Zodiaque, faut (comme aux precedentes) faire le cercle du firmament A.B.C.D.E.F. le tropique de Cancer D.H. celuy de Capicorne B.I. & la ligne equinoxiale C.G. faut semblablement faire sur lesdits tropiques les arcs diurnaux, comme a esté monstré à la 1. Proposition, & aussi les diuiser semblablement en parties horaires, c'est à dire quinze degrez pour chacune partie, dont si le cercle estoit entier il en contiendroit 360. Apres faut tirer les paral-

Plan orthographique, où sont desseignées les longueurs des ombres quand le Soleil est aux deux tropiques, pour apres les desseigner sur l'horloge polaire.

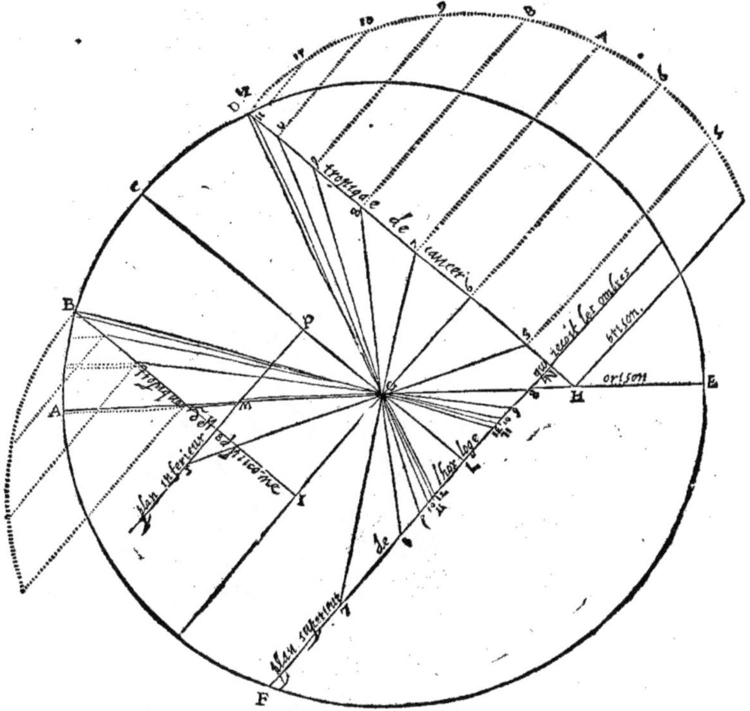

leles desdites diuisions iusques sur la ligne D. H. & pareillement celles du tropique de Capricorne sur la ligne B. I. Apres faut prendre la hauteur du stile en l'horloge de ladite 10. Proposition, & la poser à ce plan orthographique à la ligne G. L.

& tirer tous les rayons des ombres des poincts qui sont sur les lignes D.H. & B.I. sur les plans qui reçoiuent les ombres lesquels passeront tous par le centre du monde, & ainsi nous aurons sur la partie de la ligne F.L. les longueurs des ombres du centre du monde G. quand le Soleil est au tropique de Cancer, sauf les heures du matin & du soir: car le Soleil se leuant au poinct H. l'ombre du centre du monde G. donnera contre le plan inferieur au poinct M. & quand il est paruenu au poinct de 5 heures, l'ombre dudit poinct G. donnera contre ledit plan au poinct de 5 heures. Tellement qu'il faut auoir deux plans en ceste horloge, comme a esté desia monstré à la 9. Proposition. Apres faut aussi tirer les autres rayons procedans des poincts des heures qui sont sur le tropique de Capricorne qui seront tirées sur la partie de la ligne L.N.

Toutes lesdites longueurs des ombres ainsi desseignées sur ladite ligne F.L.N. seruiront pour en faire le rapport sur l'horloge suiuante. Soit doncques premierement prise la longueur sur le susdit plan L. 12. laquelle sera mise icy sur la ligne A. XII. Apres faut retourner sur le susdit plan, & mesurer la longueur de l'ombre L. 11. puis la rapporter icy sur B. XI. & C. I. puis prendre le reste des longueurs des ombres qui sont sur ladite ligne F.L.N. tant dudit tropique de Cancer comme de celuy de Capricorne, & les rapporter encores, mettant tousiours vn des pieds du compas sur la ligne equinoxiale, & l'autre sur la ligne de l'horloge, & apres tirer les lignes courbes desdits signes, comme il se peut voir à ceste figure suiuante.

Horloge polaire superieure, où les 12 signes du Zodiaque sont desseignez.

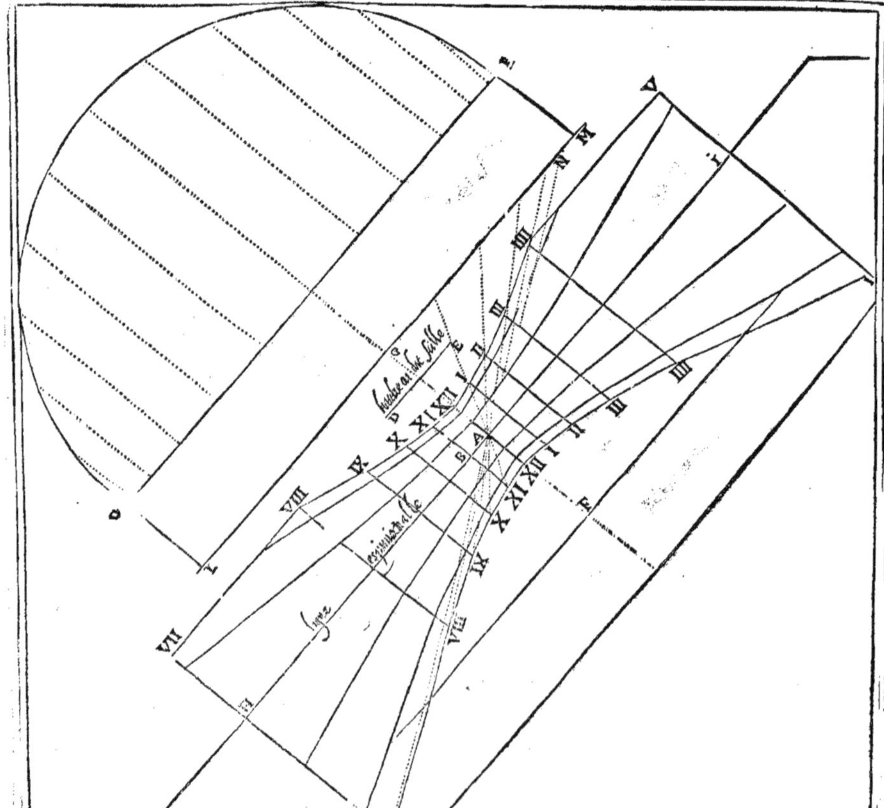

Ceste seconde figure seruira pour les signes de Gemini, Leo, Sagitarius & Aquarius, à laquelle l'on procedera tout ainsi comme à la premiere pour desseigner les longueurs des ombres sur les lignes des plans, lesquelles longueurs seront encores rapportées, sçauoir celles qui sont sur la ligne S.T. aux signes de Gemini & Leo, & celles qui sont sur T.V. aux signes du Sagitaire & Aquarius.

Deuxiesme figure orthographique, où les longueurs des ombres des signes de Gemini, Leo, Sagitarius & Aquarius sont desseignez, pour seruir à l'horloge polaire.

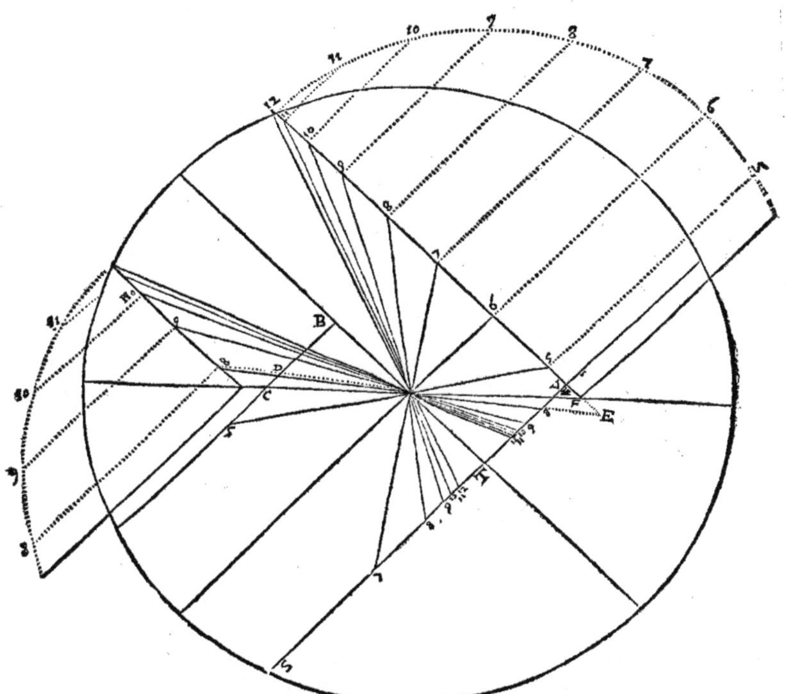

Reste ceste troisiesme figure, où les signes de Taurus, Scorpius, Virgo & Pisces sont desseignez : & pour auoir les longueurs des ombres, l'on procedera tout ainsi comme aux autres figures, en faisant apres le rapport desdites ombres sur la figure de l'horloge, à laquelle l'on tracera apres les lignes desdits signes.

Troisiesme figure orthographique, où les longueurs des ombres des signes de Taurus, Scorpius, Virgo & Pisces sont desseignez, pour seruir à l'horloge polaire.

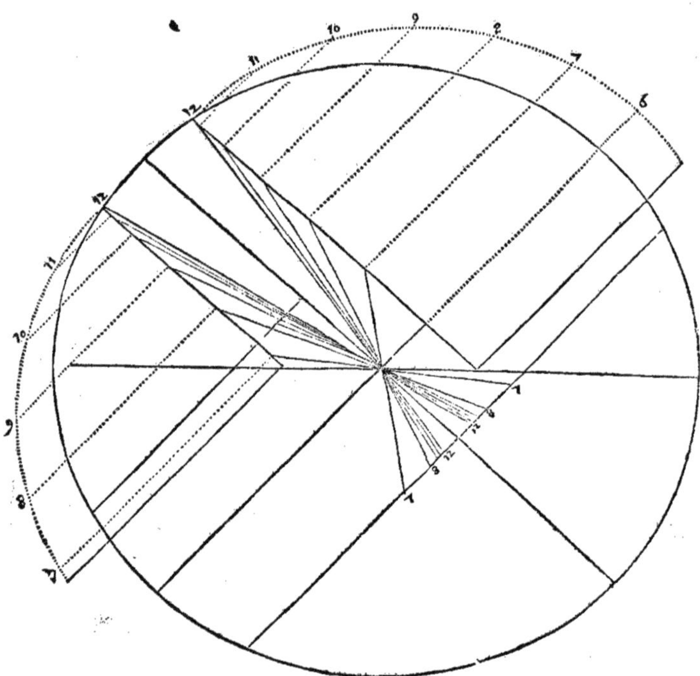

Faut à present monstrer le reste des ombres qui se monstrent en l'horloge inferieure: car le Soleil estant passé le premier poinct d'Aries quand il se leue & couche l'ombre du centre du monde ne pourra plus donner en la superieure partie de ladite horloge qu'il ne soit 6 heures du matin ou 6 heures du soir. Doncques pour paruenir à desseigner les signes d'Esté à ladite horloge inferieure, nous la ferons premierement comme a esté enseigné à la 10. Proposition: & pour y mettre les signes de l'Esté, faut premierement prendre la longueur de la ligne M.P. de la premiere figure orthographique pour la rapporter aux poincts B. IIII. & C. VIII. qui sont les poincts du leuer & du coucher du Soleil. Apres faut prendre la longueur P. 5. sur la mesme figure orthographique & la rapporter aux lignes D. V. & E. VII. Apres faut prendre la grandeur B. 5. à la deuxiesme figure & la rapporter sur l'horloge aux poincts D. F. & E. H. Faut aussi tirer les deux lignes paralleles à l'equinoxial P. VIII. & IIII. Q. qui sont celles sur quoy l'ombre du centre du monde se termine quand il se leue ou couche, comme sera demonstré cy apres. Et afin de sçauoir où se leue & couche le Soleil quand il est ausdits signes, l'on retournera à la deuxiesme figure orthographique, & l'on prolõgera F. iusques à E. afin d'auoir la grandeur 5. E. esgale à celle de 7. 8. Apres l'on tirera fera la ligne oculte E. D. passante par le centre du monde, & du poinct D. faut mesurer la grandeur B. D. pour le rapporter sur le plan de l'horloge à B. M. & C. N. apres faut mettre la reigle sur M. F. & tirer la ligne G. F. & en faire autant de l'autre costé, tirant aussi la ligne H. L. sur les poincts H. N.

Costé inferieur de l'horloge polaire, où les ombres du matin & du soir sont dessengnées, qui sert seulement quand le Soleil est aux signes de

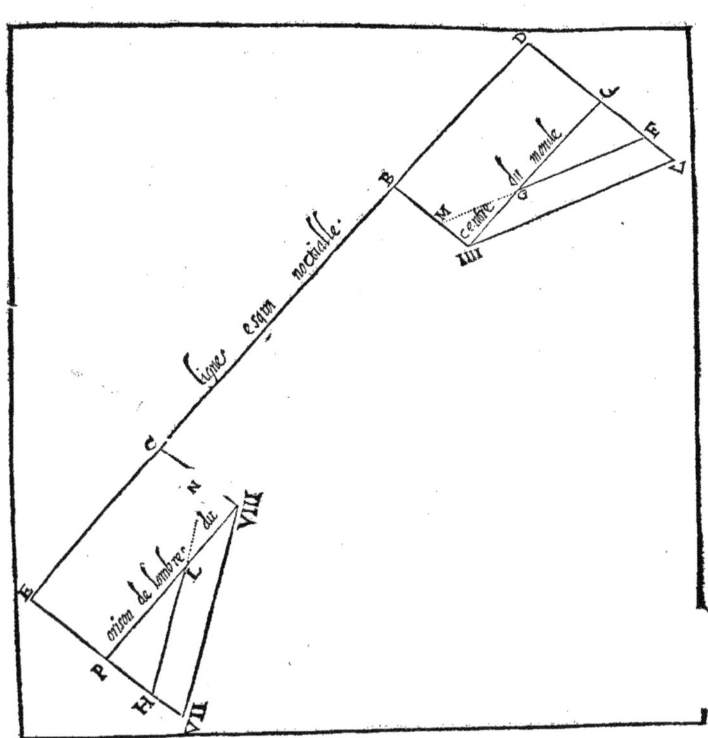

PROPOSITION XXIII.

Autre façon de desseigner les 12. signes à ladite horloge polaire, auec la demonstration.

FAut faire ladite horloge comme en la 10. Proposition, qui sera sur les 48. degrez $\frac{1}{2}$ d'esleuation, en sorte que la ligne oculte F. G. puisse estre parallele à l'axe du monde, & la ligne H. I. parallele à l'equinoxiale. Soit apres fait le tropique de Cancer sur la ligne L. M. esgale à celle du premier plan orthographique, & sur icelle sera faite la ligne O. P. parallele à E. D. & distante d'icelle comme de la longueur du stile. Apres faut diuiser ledit demy cercle en 12. parties esgales, & tirer desdites parties des paralleles à l'axe du monde, iusques sur la ligne L.M. & ainsi ladite ligne sera le plan ignographique dudit tropique de Cancer. Doncques si l'on tire des lignes des poincts des heures qui sont marquées sur L. M. passantes par le centre du monde A. iusques sur les mesmes lignes desdites heures de l'horloge aux poincts des sections où seront les extremités de l'ombre dudit signe de Cancer, comme par exemple à 7. heures de matin le Soleil est au poinct N. sur ladite ligne de l'ignographie L.M. tirant donques vne ligne oculte dudit poinct N. passante par le centre du monde iusques sur la ligne de 7. heures de l'horloge au poinct de la section desdites lignes, sera le poinct où l'ombre de la pointe du gnomon donnera quand le Soleil sera au signe de Cancer à 7. heures de matin, &

Horloge polaire comme la precedente, construite par le moyen des plans ingnografiques des 12. signes du Zodiaque.

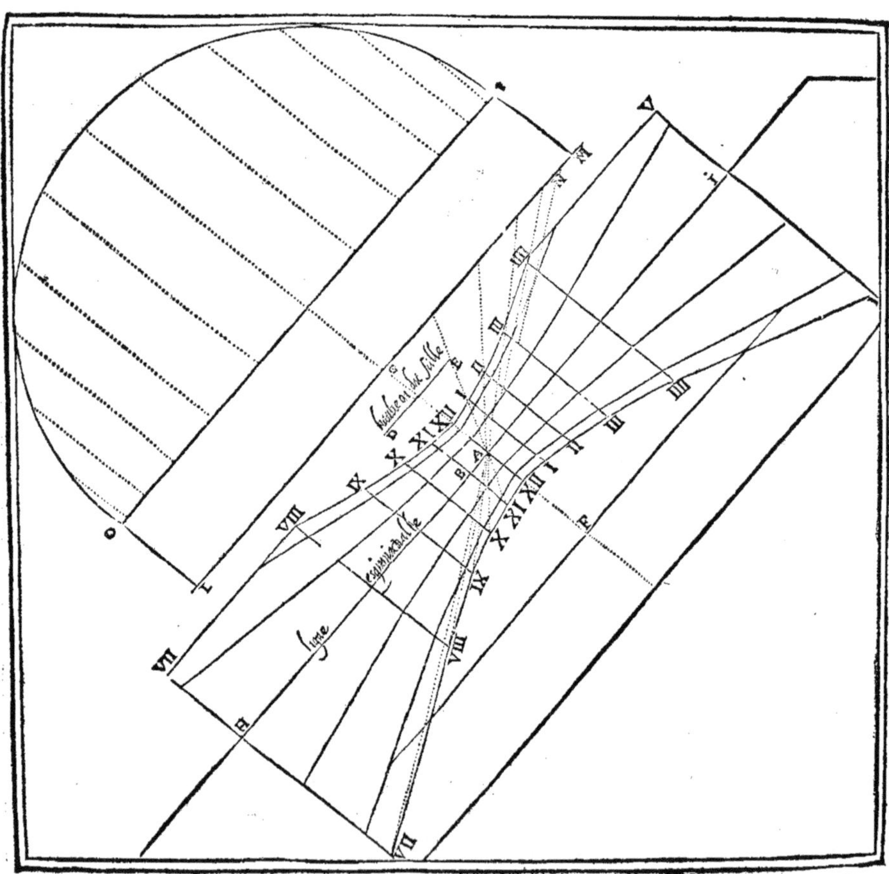

ainsi

ainsi faudra proceder à tirer toutes les autres lignes ocultes desdits poincts qui sont sur ladite ligne L. M. & apres faut tirer la ligne du rayon de l'ombre depuis vii. heures iusques à xii. passante par lesdites sections, & en faire autant depuis lesdits xii. iusques à v. heures du soir. Apres faut prendre la ligne de Gemini & Leo de la deuxiesme figure orthographique de la precedente Proposition, & en faire autant comme à celle de Cancer, sçauoir vn demy cercle diuisé en 12 parties esgales, & tirer tous les rayons ocultes de chacune heure passans par ledit poinct A. iusques aux sections des lignes des heures trauersantes, & proceder ainsi à tous les autres signes comme dessus, desquels i'ay seulement fait celuy du tropique de Cancer, pour éuiter confusion de lignes.

La demonstration de ceste Proposition se fera en ceste façon. Soit esleué le plan de carton S. Q. à droits angles sur le plan de l'horloge & esquidistant de la ligne equinoxiale H. L. autant comme ledit tropique l'est à la premiere figure orthographique de la precedente Proposition, & que le demy cercle O. N. P. soit esloigné parallelement de E. D. autant comme la longueur du stile D. E. Soit doncques posé ledit plan parallele à l'axe du monde, c'est à dire qu'il soit posé en sorte que la ligne meridienne F. G. puisse estre l'axe du monde, & que la ligne equinoxiale H. I. puisse estre posée parallele à l'orison, & le plan de carton du tropique de Cancer esleué à droits angles sur ledit plan de l'horloge : Tout cela estant disposé de la façon, l'on peut voir que le Soleil estant au tropique de Cancer, ne pourra donner sur ledit plan de l'horloge qu'il ne soit apres 6 heures du matin, à cause de la disposition dudit plan ; Et estant paruenu à 7 heures, le rayon qui seroit tiré dudit poinct de 7 heures (iusques au bout du stile qui seroit posé à droits angles sur A. & passant outre sur la section de 7 heures) est perpendiculaire sur celuy qui part du poinct N. vers vii. comme aussi sont tous les autres rayons des heures. Tellement que lesdits rayons ocultes tirez sur ledit plan de l'horloge sont tous ignographiques ausdits rayons qui seroient tirez des poincts des heures qui sont sur le plan de Cancer, & par mesme moyen l'on pourra faire & demonstrer tous les autres signes.

La demõstration de la presente Proposition.

PROPOSITION XXIIII.

Pour faire vne horloge verticale declinante de l'Occident vers le Midy, où les 12 signes du Zodiaque seront desseignez sur les 48 degrez $\frac{1}{2}$ d'esleuation.

PREMIEREMENT que de venir à la construction de ladite horloge ie monstreray comme il faut faire le plan ignographique des signes dudit Zodiaque, afin que ledit plan estant fait l'on puisse faire l'ignographie de la muraille declinante pour y tirer apres toutes les longueurs des ombres.

Soit fait l'orthographie du demy cercle du Firmament A.B.C. sur le diametre A.D.C. auquel sera fait l'axe du monde L.D. sur les 48 degrez $\frac{1}{2}$ d'esleuation du Pole, & apres faut faire la ligne equinoxiale D. G. & le tropique de Cancer E.F. & celuy de Capricorne I.H. & du poinct R. sera fait vn de-

Le demy cercle n'est point icy desseigné afin d'euiter cõfusion de lignes.

my cercle qui ſera diuiſé en 12 parties eſgales qui ſeront rapportées (paralleles à L. R.) ſur ledit tropique de Cancer. Soit apres tirée la ligne D. N. M. perpendiculaire ſoubs A. C. & du centre N. ſera tiré l'ignographie du Firmament G. P. Q. M. Soit auſſi tirée la ligne R. T. X. S. laquelle repreſente au poinct R. le centre du tropique de Cancer du plan orthographique, & aux poincts T. X. S. le diametre dudit tropique du plan ignographique ſur lequel ſera fait le demy

Figure pour monſtrer à faire le plan ignographique des 12 ſignes du Zodiaque.

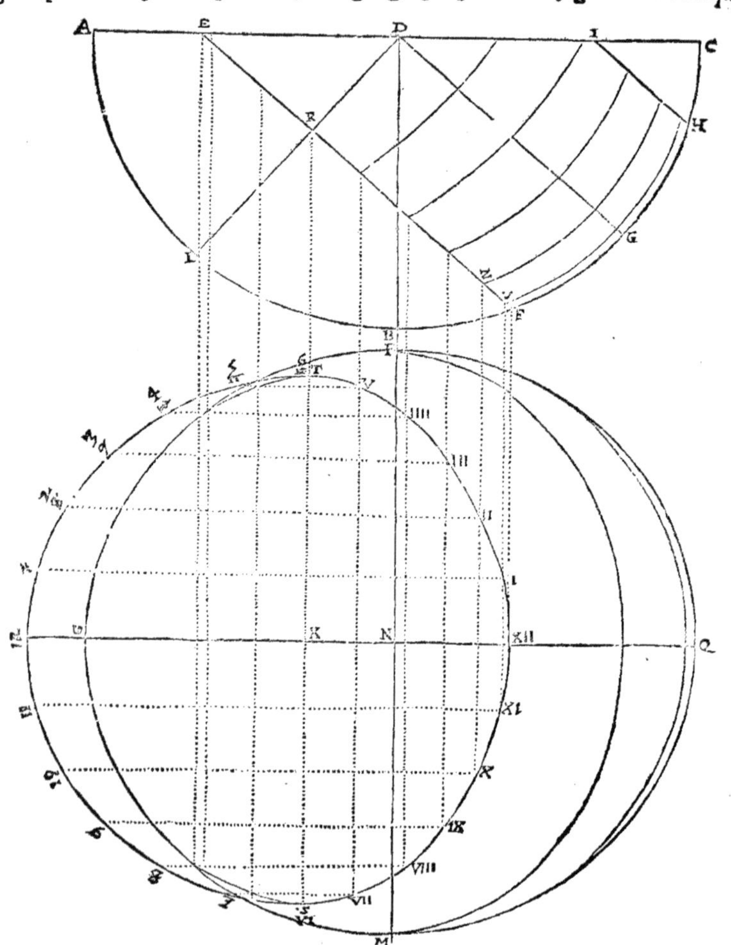

cercle S. 7. 8. 9. 10. 11. 12. 1. 2. 3. 4. 5. 6. diuiſé en 12 parties eſgales. Apres ſoit tirée la ligne G. X. N. Q. à droits angles de P. N. M. & du poinct F. du plan orthographique

Horloge verticale declinante, où les 12 signes du Zodiaque sont desseignez.

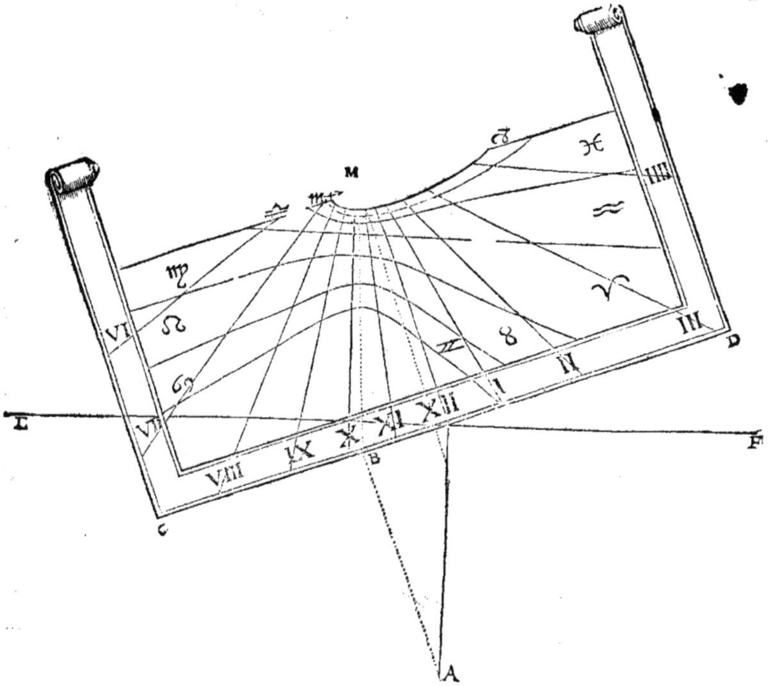

M

VI VII VIII IX X XI XII I II III IIII

E F

B C D

A

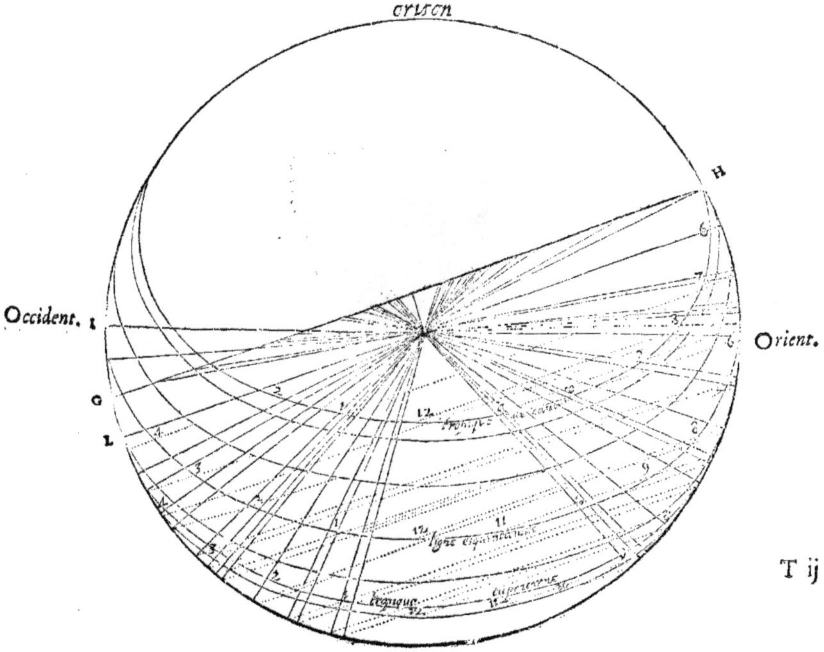

orison

H

Occident. I

Orient.

G

L

tropique

ligne equinoctiale

phique soit tirée vne ligne oculte iusques sur la ligne G. Q. & où elle touche ladite ligne, ce sera le poinct de XII heures du plan ignographique. Apres faut du poinct y, qui est au plan orthographique, faire encore tomber la ligne oculte en sorte qu'elle puisse rencontrer les deux lignes ocultes qui seront tirées des poincts 11. & 1. du demy cercle & paralleles à G. N. Q. & aux poincts où ladite ligne v. rencontre lesdites lignes ocultes, faut remarquer I. & XI. Apres faire encores tomber du poinct N. au plan orthographique, & où elle rencontre les deux autres lignes qui partent des poincts 10. & 2. faut remarquer les poincts X. & II. & ainsi faire rencontrer toutes les autres. Et apres auoir remarqué les poincts des rencontres des heures, faut mener vne ligne courbe sur tous lesdits poincts, & ainsi l'on aura l'ignographie des heures qui sont sur le tropique de Cancer. Et pour auoir les autres heures des autres plans, faut proceder comme dessus.

Ayant fait l'ignographie de tous les signes du Zodiaque comme ils sont desseignez à la precedente figure, l'on y representera l'ignographie de la muraille qui reçoit les ombres marquée G. H. declinante de l'Occident vers le Midy autant comme est la distance I. L. car la distance G. L. est la longueur du stile. Apres l'on tirera les lignes ocultes des poincts des heures iusques sur la circonference du Firmament paralleles à G. H. & des poincts où lesdites lignes ocultes touchent la circonference du Firmament, faut tirer les rayons des ombres sur G. H. Apres l'on fera l'horloge sans les signes du Zodiaque, comme a esté monstré à la 11. Proposition, puis l'on fera le rapport des longueurs des ombres premierement des heures du tropique de Cancer, puis de toutes les autres, comme a esté enseigné cy deuant.

www.ingramcontent.com/pod-product-compliance
Ingram Content Group UK Ltd.
Pitfield, Milton Keynes, MK11 3LW, UK
UKHW020334180726
13839UKWH00002B/715